끝까지 살아남는
직장인 생존 대화법

끝까지 살아남는 직장인 생존 대화법

지은이 오수향
펴낸이 임상진
펴낸곳 (주)넥서스

초판 1쇄 발행 2019년 1월 5일
초판 3쇄 발행 2019년 1월 25일

2판 1쇄 인쇄 2022년 7월 15일
2판 1쇄 발행 2022년 7월 20일

출판신고 1992년 4월 3일 제311-2002-2호
주소 10880 경기도 파주시 지목로 5 (신촌동)
전화 (02)330-5500 팩스 (02)330-5555
ISBN 979-11-6683-311-3 03320

이 책은 『무슨 말을 그따위로 하십니까?』의 개정판입니다.

www.nexusbook.com

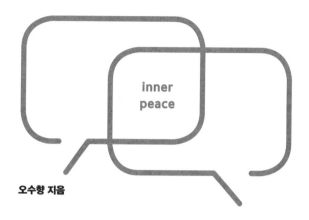

inner
peace

오수향 지음

끝까지 살아남는
직장인 생존 대화법

넥서스BIZ

무슨 말을 그따위로 하십니까?

갈수록 직장 생활이 팍팍해지고 있습니다. 불안과 한숨 속에 보내는 나날이 이어질 때가 많습니다. 마음 같아서는 당장 사표를 내고 직장을 떠나고 싶지만 그렇다고 뾰족한 대책이 있는 것도 아닙니다. 그래서 오늘도 묵묵히 시계태엽처럼 반복해서 출근길에 나섭니다.

모두 꿈과 비전을 이루기 위해 직장에 다닙니다. 어느 한 사람 예외가 되지 않지요. 그래서 각자 맡은 직책에서 최선을 다하고 있습니다. 그런데 항상 누구 때문에 화가 치밀어 오르고, 또 누군가로부터 상처받는 일이 허다합니다. 왜 그럴까요?

바로 대화법 때문입니다. 사람의 마음가짐과 실제 실력이 어떠

냐는 크게 중요하지 않습니다. 마음과 실력은 대화로 표현되니까요. 대화가 그 사람의 마음과 실력을 전부 보여주는 겁니다. 아무리 상대를 배려한다고 해도 대화에서 어긋나면 상대에게 무례를 범하게 됩니다. 또한 아무리 열심히 일해도 말을 잘하지 못하면 인사고과 점수가 낮게 나올 수밖에 없습니다. 그래서 늘 스트레스를 달고 살 수밖에 없지요.

따라서 직장 생활을 잘하려면 능숙한 대화법을 익혀야 합니다. 사람들은 대화를 통해 그 사람의 마음과 실력을 판단합니다. 상대의 유형과 개별 상황에 맞는 효율적인 대화법을 갖춘다면 모든 사람들에게 인정받을 수 있습니다. 그러면 상사와 동료, 부하와 원만한 관계를 만들 수 있습니다. 이 과정에서 자신의 역량 또한 최고로 발휘할 수 있습니다.

직장 생활에서 대화법은 더 이상 부차적인 게 아닙니다. 직장에서의 대화법은 생존을 위한 필수 도구입니다. 이렇게 중요한 대화법을 잘 준비하지 않고서, 마냥 남 탓을 하고, 남으로부터 상처받기만 해서는 곤란하지 않을까요?

이 책에서 직장인이 현장에서 당장 써먹을 수 있는 유용한 대화법을 소개했습니다. 회사 생활을 하다 보면 인간관계에서 답답하고 난처했던 상황에 자주 부딪히게 됩니다. 이 책은 그런 상황에 효과적으로 대응할 수 있는 대화법들을 알려주고 있습니다. 또한 자신을 더 돋보이게 하는 것은 물론 동료를 내 편으로 만들고, 상사에게 인정받으며, 직원을 잘 이끌 수 있는 대화법을 알려주고 있습니다.

　이 책이 오늘도 막막한 마음으로 출근하는 당신에게 작은 힘이 되길 바랍니다. 이 자그마한 책을 들고 출근길에 오르는 당신에게 분명 어제와 다른 직장 생활이 펼쳐질 거라고 확신합니다. 당신은 몰라보게 활기차지고, 의욕이 충만해지며, 당신 주위에 동료들이 함박웃음을 짓고 있을 것입니다.

오수향

차례

3장 동료와 끈끈하게 통하는 대화법

4장 상사를 내 편으로 만드는 대화법

7장 승진과 출세를 위한 셀프 대화법

1장

말 잘하는 직원이 일을 잘한다

성공적인 직장 생활에
꼭 필요한 것은?

왜 말하기 능력인가

"변화가 필요하기 전에 변하라." 세계적인
기업 GE의 전 CEO 잭 웰치의 말이다. 그는 2000년 미국 경제
지 〈포춘〉에서 '지난 100년간 최고 경영자 1위'에, 2001년 영국
의 〈파이낸셜타임스〉에서 '세계에서 가장 존경받는 경영인'에 각
각 선정되었다. 그의 경영 방식의 핵심은 그의 말처럼 '변화'에 있
었다. 실제로 그는 평범한 직원으로 입사해 최연소 CEO가 된 후,
기존의 GE를 전혀 다른 모습으로 바꾸어놓았다. 원래 GE는 시
장 가치가 120억 달러에 불과한 회사였지만 그가 진두지휘하면

서 시장 가치 4,500달러의 글로벌 기업으로 거듭났다.

잭 웰치의 리더십에는 뛰어난 연설이 필수불가결하다. 그의 강력한 리더십은 좌중을 압도하는 명연설로 뒷받침되고 있기 때문이다. 지금도 그의 많은 명언이 회자되고 있다.

"변화를 추구한다면 강력한 저항에 대한 준비가 필요하다."

"고쳐라, 매각하라, 아니면 폐쇄하라."

"당신의 운명은 당신이 지배하라. 그렇지 않으면 남이 지배한다."

은퇴한 후에도 그의 달변에는 변함이 없다. 그는 두 시간짜리 강연으로 3억 원을 받으며, 그의 강연을 듣기 위해서는 최소 100만 원을 지불해야 한다. 그런데도 그의 강연에는 매번 수많은 청중으로 인산인해를 이룬다.

원래부터 그는 타고난 달변가였을까? 전혀 그렇지 않다. 사실 그에게는 말더듬증 콤플렉스가 있었다. 그는 흥분하거나 긴장하면 곧잘 말을 더듬었다. 이로 인해 그가 참치 샌드위치를 주문할 때면 종종 당황스러운 일을 당했다. 첫 음을 두 번 발음해서 "참, 참치(tu, tuna) 샌드위치 주세요"라고 하면, 직원이 이를 잘못 알

아들고 샌드위치 두 개(two tuna)를 가져오곤 했다.

이러한 말더듬증은 그의 GE 입사 면접시험 때 불리하게 작용할 수 있었다. 하지만 그는 말더듬증 덕에 아내의 참치 샌드위치를 따로 주문하지 않아도 된다고 재치 있게 답변해 위기를 모면했다.

이처럼 말을 잘 못했던 그는 부단한 연습으로 자신을 변화시켰다. 이렇게 해서 유능한 직원의 자질 가운데 하나인 스피치 능력을 배가시켰다. 만약, 그가 남보다 뒤처진 스피치 능력을 가지고 있었다면 33세에 최연소 최고 경영자가 될 수 있었을까? 이와 함께 강력한 리더십을 발휘할 수 있었을까? 그건 불가능한 일이다.

2013년 전경련이 여론 조사기관 리서치앤리서치에 의뢰해 대기업, 공기업, 금융기관, 외국계 기업의 20~30대 대졸 직장인을 상대로 업무 수행에 도움 되는 스펙이 무엇인지를 설문 조사했다. 그 결과, 컴퓨터 활용 능력 다음으로 스피치 능력(48.9%)이 2위로 나왔다. 그 이유는 상사와 외부인사 대상 발표, 조직 내부 커뮤니케이션, 전화 업무 등에서 큰 도움이 되기 때문이었다.

2017년 〈캠퍼스 잡앤조이〉의 조사에서도 마찬가지다. 인사 담당자가 생각하는 '금메달 인재'는 실무능력을 보유한 실전형 인재(45.7%)로 나타났는데, 이 인재에게 요구되는 개인 역량 1위가 커뮤니케이션 능력(62.1%)이며, 5위가 프레젠테이션 능력(1.9%)으로 나왔다.

따라서 직장에서 탁월한 업무 성과를 내고자 한다면, 이와 함께 직장 내 커뮤니케이션을 원활히 하려면 스피치 능력을 향상시켜야 한다. 그래야 모든 직장인의 꿈, 출세의 최종 목표인 최고 경영자의 위치에 오를 수 있다. 말하기 능력이 필요하다고 느낄 때는 이미 늦었다. 그전에 말하기 능력을 갖춘 사람으로 변화해야 한다.

> **직장에서 탁월한 업무 성과를 내고자 한다면, 이와 함께 직장 내 커뮤니케이션을 원활히 하려면 스피치 능력을 향상시켜야 한다.**

Point

말 잘하는 직원의
경쟁력은?

말 잘하는 직장인의 승진 확률이 높은 이유

"왜 인사고과 점수가 예상보다 낮게 나오는지 모르겠어요." IT 대기업 4년차 직장인의 하소연이다. 그는 명문대 출신으로 우수한 스펙을 갖춘 인재였다. 실제로 회사에 다니면서 누구보다 열심히 일했다. 그런데 예상한 것만큼 인사고과 점수가 나오지 않았다.

어떤 문제가 있는지 그와 함께 대화를 나누어보았다. 그는 제일 먼저 회사에 출근했고, 야근도 둘째가라면 서러울 정도로 많이 했다. 그러면서 눈에 띄게 큰 성과를 내놓았다. 이것만 봐서는 인사고과 최고점을 줘도 하나도 아깝지 않을 듯했다. 그런데 그와 대화를 하다 보니 문제점이 무엇인지 간파할 수 있었다.

"내가 보기엔 말하기에 문제가 있어 보입니다. 연구 실적은 최고일지 모르겠지만 회사 동료, 직장 상사와의 의사소통에 적잖은 애로사항이 있어요."

그는 어눌하게 말하면서 말꼬리를 흐렸고 부정확하게 발음했다. 이 때문에 의사 전달력에 문제가 있었다. 다행히 연구직이기에 큰 문제없이 회사 생활이 가능했지만, 만약 사람을 자주 상대하는 업종에 근무했다면 큰 결격 사유가 될 수 있었다. 또한 부하 직원을 거느리는 직위로 올라갈수록 큰 걸림돌이 될 수밖에 없었다.

이처럼 말하기에 문제를 안고 있는 직장인이 적지 않다. 몇몇은 그 문제를 자각하고 개선하려고 노력하기에 다행이다. 그런데 몇몇은 그대로 방치하는 경우가 있다. 이렇게 되면 그 사람의 경쟁력이 크게 떨어질 수밖에 없다.

회사에서는 말하기 능력이 매우 중요시된다. 회사 동료, 상사와의 원만한 의사소통 그리고 구두 보고, 발표, 영업, 협상에서 필수적인 능력이 말하기다. 기업의 궁극적인 목적은 높은 성과 곧 매출에 있다고 해도 과언이 아니다. 이 목적을 달성하기 위해선 회사 구성원의 효율적이며 정확한 의사소통이 이루어져야 한다. 눈빛만

봐도 척할 정도로 구성원끼리 마음과 마음이 통하는 의사소통이 이루어져야 시계 톱니바퀴처럼 빈틈없이 회사가 돌아간다.

그런데 구성원 사이에 의사소통이 제대로 되지 못하면 어떻게 되겠는가? 구성원 사이에 불필요한 오해와 스트레스가 생길 뿐만 아니라 업무 진행에 잦은 혼선이 빚어지고 만다. 이렇게 되면 그 회사의 경쟁력이 떨어질 게 뻔하다. 따라서 회사 경영진의 입장에서는 의사소통을 잘하는 직원을 더 좋게 평가할 수밖에 없다.

특히 회사에서는 전문적인 말하기 기술이 요구된다. 구두 보고, 지시, 발표, 회의, 영업, 협상에서 그렇다. 아무런 준비와 연습 없이 덤벼들었다가 큰코다친다. 회사에서는 보고와 지시가 수도 없이 이루어진다. 이때 우물쭈물하면서 말하거나, 상대가 듣든 말든 내 식대로 말한다면 제대로 보고와 지시가 이루어질 수 없다.

구두 보고를 할 때는 상사가 단박에 알아듣게 말해야 한다. 상사가 단박에 파악할 수 없다면 상사는 직원을 무능하게 본다. 상사는 한가하지 않기 때문이다. 이와 마찬가지로 직원에게 지시를 내릴 때는 상대가 잘 이해하도록 말해야 한다. 그렇지 않고 직원이 두 번, 세 번 지시의 요지를 확인하러 온다면 이 얼마나 시간 낭비인가?

발표, 회의, 영업, 협상의 말하기에서도 그렇다. 전문적인 말하기 능력을 갖추어야 좋은 성과를 낼 수 있다. 직장에서는 이런 공식적인 말하기 기회가 많다. 이를 계기로 회사가 막대한 금액의 수익을 내거나 반대로 엄청난 손실을 입으며, 또한 직원은 초고속 진급의 기회를 얻기도 하고 반대로 추락하기도 한다.

따라서 말 잘하는 직원은 회사에서 인정받는 게 당연하다. 이를 입증하듯 2009년 결혼정보업체 듀오가 직장인 219명을 대상으로 설문 조사를 벌인 결과, 응답자의 77%(169명)가 "말 잘하는 직장인이 승진 확률이 높다"고 답했다.

> **Point**
>
> 직장에서는 공식적인 말하기 기회가 많다. 이를 계기로 회사가 막대한 금액의 수익을 내거나 반대로 엄청난 손실을 입기도 한다.

말 잘하면 인간관계가 편하다

말을 잘한다는 건 유창하게 말한다는 게 아니다

평생직장이 사라진 요즘 퇴사는 누구나 한 번쯤 경험하는 일이 되었다. 고정적인 수입이 보장된 회사에 사표를 툭 던지는 이유는 많다. 그 가운데 어떤 대표적 이유로 직장인들이 회사 문 밖으로 뛰쳐나오는 걸까? 취업포털 인크루트의 2018년 설문 조사에 따르면 대표적인 네 가지 이유는 다음과 같다.

- '업무 로드가 많거나 업무 구조가 비상식적일 때'(27.8%)
- '동기나 상사 등 직장 동료와 관련해 문제가 생겼을 때'

(18.6%)

- '이직 제안을 받거나 이직을 확정 지었을 때'(14.8%)
- '오랜 조직 생활로 잃어버린 내 생활을 되찾고 싶을 때'
  (11.3%)

이 외에 '퇴사 후 구체적인 계획을 실천해야겠다고 결심한 때'
(8.4%), '건강이 악화되었을 때'(7.8%), '연봉협상 전후'(7.4%)로 나
타났다. 여기서 주목할 것은 바로 두 번째다. 이는 곧 인간관계의
문제다. 18.6%의 직장인이 업무 문제가 아니라 인간관계 문제 때
문에 퇴직을 한다는 말이다. 이만큼 직장 생활에서 원만한 인간
관계가 중요함을 알 수 있다.

사실 회사는 온갖 인간 군상의 집합소다. 여러 성격의 직장인
들이 모여서 생활하다 보면 소통에 차질이 생겨 관계에 금이 가
는 일이 벌어진다. 성질 급한 상사는 한시도 입을 다물지 못하고
이거 해라, 저거 해라 지시한다. 또한 권위적인 상사는 시도 때도
없이 욕설과 폭언을 남발한다. 부하 직원들은 소통이 안 되는 상
사 '뒷담화'하기 바쁘다. 동료들도 마찬가지다. 사소한 일로 서로
상처 주는 말을 내뱉는 일이 비일비재하다.

만약 사람을 대신해 로봇이 일한다면 이러한 관계의 잡음이 생

길 리 없다. 그러나 사람은 감정의 동물이다. 사람들과 부대끼는 동안 부지불식중에 상대의 감정을 해치거나 혼자 감정이 상하는 일이 많다. 그 정도가 심해서 도저히 견딜 수 없을 때 마침내 퇴직을 결심하게 된다.

따라서 직장 생활을 오래하고 더 만족스럽게 하려면 관계가 삐거덕거리는 문제를 잘 해결해야 한다. 인간관계의 문제를 해결하는 방법은 다양하다. 그 가운데에서 일상적으로 쉽게 접할 수 있는 게 대화법이다. 다년간 기업체에서 소통 강의를 하면서 수많은 직장인과 상담을 해본 결과, 관계의 문제를 풀기 위해서는 무엇보다 대화법이 중요하다는 결론을 얻었다.

놀랍게도 직장인들 상당수가 제2외국어에는 능통하지만, 초보적인 대화법도 모르는 경우가 허다했다. 우리말은 아 다르고 어 다르다. 같은 말도 어떻게 하냐에 따라서 그 의미가 천지 차이다. 이와 함께 대화의 기본자세가 경청과 공감인데, 이를 도외시하는 경우가 많다.

상사와 직원, 그리고 동료들 사이에 앙금이 생겼다면 경청과 공감이 결여되었을 가능성이 매우 높다. 상대가 말한 내용을 잘 듣는 건 생각만큼 쉬운 일이 아니다. 이와 마찬가지로 상대에게 감정이입하고 상대와 공감대를 만드는 것도 결코 쉽지 않다. 우월감이나 편견을 가지고 있거나 자기중심적인 사고를 하는 사람은 경청과 공감을 하지 못한다. 그래서 늘 불통이 생기고, 관계가 삐거덕거리며, 불편한 감정이 생긴다.

말을 잘한다는 건 유창하게 말한다는 게 아니다. 특히 직장에서 말을 잘한다는 건 아나운서처럼, 웅변가처럼 탁월한 언변을 발휘한다는 의미가 아니다. 직장에서 말을 잘한다는 건 곧 상사와 부하, 동료 사이에 의사소통을 원활히 잘한다는 것이다. 이렇게 말을 잘하는 직원은 인간관계에서 불필요한 오해와 스트레스, 격한 감정을 경험하는 일이 적다. 말을 잘하면 인간관계가 편하고 직장 생활이 만족스럽다.

특히 직장에서 말을 잘한다는 건 아나운서처럼, 웅변가처럼 탁월한 언변을 발휘한다는 의미가 아니다. 직장에서 말을 잘한다는 건 곧 상사와 부하, 동료 사이에 의사소통을 원활히 잘한다는 것이다.

Point

'말치'도 연습으로 극복할 수 있다

잡스, 오바마도 한때는 '말치'였다

"말주변이 없는데 고칠 수 있을까요?" 직장인들이 자주 묻는 질문이다. 이에 대해 나는 확신을 갖고 "그렇습니다"라고 대답한다. 이와 마찬가지로 목소리도 훈련을 통해 듣기 좋은 목소리로 거듭날 수 있다. 지금 나는 좋은 목소리를 자랑하지만 이건 결코 타고난 게 아니다. 물론 내게는 어느 정도 다른 사람에 비해 좋은 목소리의 자질이 있었다. 하지만 이것만으로는 보이스트레이너로 인정받을 수 없었다. 제2외국어를 공부하듯이 많은 시간을 목소리 훈련에 바쳤기에 좋은 목소리를 갖출 수 있었다.

말하기도 마찬가지다. 타고난 달변가, 웅변가가 분명히 있다. 그렇다고 어릴 때부터 말하기 능력이 떨어진 사람이라고 해서 성인이 되어서도 꼭 그러라는 법은 없다. 내가 그랬듯이 꾸준한 연습, 훈련을 하면 누구나 말 잘하는 사람으로 거듭날 수 있다.

스티브 잡스, 버락 오바마, 에이브러햄 링컨, 윈스턴 처칠 이 네 사람은 둘째가라면 서러울 정도로 말 잘하는 사람들이다. 그런데 원래 이들은 말을 잘하지 못했다. 이들은 연습과 훈련을 통해 이를 극복한 것이다.

애플의 초창기에 스티브 잡스는 몹시 내성적이었다. 그래서 한 텔레비전 인터뷰를 할 때 긴장한 나머지 방송 시작 전에 화장실을 찾을 정도였다. 인터뷰를 마친 뒤에는 인터뷰에서 무슨 말을 했는지 기억하지도 못했다. 이런 소심한 사람이 세기의 프리젠터가 될 수 있었던 건 연습이다. 카마인 갈로는《스티브 잡스 프레젠테이션의 비밀》에서 이렇게 말했다.

스티브 잡스는 무대 위에서 빈틈없이 연기를 선보이는 최고의 배우다. 그의 모든 동작과 시연, 이미지, 슬라이드는 완벽한 조화를 이룬다. 무대 위에 선 잡스의 모습은 너무나 편하고 자신감 넘치며, 자연스러워 보인다. 청중이 보기에는 그가 대단히

쉽게 프레젠테이션을 하는 것처럼 보인다. 사실 거기에 비밀이 있다. 잡스는 몇 시간씩, 아니 며칠씩 프레젠테이션을 연습한다.

오바마도 그렇다. 옥시덴탈 대학교 대학생 때까지 그의 삶에서 말은 큰 비중이 차지하지 않았다. 말에 대한 특별한 관심도 없었고 또 말을 잘한다는 평가도 없었다. 그는 말과 무관하게 대학생활을 하고 있었다. 그런데 우연한 기회에 "누군가 투쟁하고 있습니다"라는 1분 연설을 하게 된다. 예기치 않게 이 연설이 다른 학생들에게 큰 반향을 일으켰고, 그는 학교의 스타가 되었다.

그때부터 그는 말에 특별한 관심을 갖고 부단히 연습했다. 그 결과, 그의 언변은 탁월한 수준에 도달했고, 이에 힘입어 그는 44대 미국 대통령에 당선되었다.

에이브러햄 링컨은 원래 말을 잘하지 못하는 사람이었다. 정치 초년병 시절 그는 지나치게 긴장한 탓에 쇳소리 나는 듣기 싫은 목소리로 자신감 없이 연설했다. 윈스턴 처칠 역시 젊은 시절 말더듬증이 심했다. 하지만 이 둘은 수많이 시간을 연습에 바친 끝에, 한계를 극복하여 세기의 명연설가로 거듭났다.

직장인도 자신의 말하기의 문제점을 정확히 인식하고 이를 고쳐나간다면 얼마든지 뛰어난 화술가로 변모할 수 있다. 말을 조리 있고 당당하게 못하는 이유는 크게 세 가지다. 대화의 노하우 부족, 떨림증, 공감력 부족이다. 맨 앞의 것은 기술적인 문제인데, 관련 책을 읽거나 대화법 전문가에게서 교육을 받는 게 좋다. 다음의 것은 심리적인 문제다. 이 또한 고칠 수 없는 게 아니다. 매일같이 거울을 보면서 "할 수 있다"고 외치고, 또 말 잘하는 자신의 모습을 이미지트레이닝하다 보면 극복할 수 있다. 마지막의 것은 성품의 문제로 볼 수 있다. 상대를 무시하고 상대의 말을 잘 안 들으며 자기 말만 쏟아내는 사람이 있다. 이런 사람이 대화의 상대를 존중하고 수평적으로 대하는 자세를 하루아침에 갖추기란 쉽지 않다. 이 또한 문제의 심각성을 인식하고 나서 고쳐야 한다.

말주변 없는 직장인이 뛰어난 화술을 자랑하는 직장인이 된다는 건 얼마나 멋진 일인가? 이렇게 되는 게 결코 어려운 일이 아니다. 연습에 연습을 거듭한다면 누구나 가능하다.

Point

직장인도 자신의 말하기의 문제점을 정확히 인식하고 이를 고쳐나간다면 얼마든지 뛰어난 화술가로 변모할 수 있다.

2장

직장인 대화법, 기본부터 익혀라

첫인상부터 시작이다

첫인상에서 실패하면 말짱 도루묵

A 직원: 말끔하게 다림질한 슈트를 차려입고 밝은 표정으로 회사 문을 열고 들어온다.

B 직원: 며칠 입은 듯 꼬질꼬질한 슈트를 입고 전날 과음한 듯 퀭한 표정으로 회사 문을 열고 들어온다.

두 신입사원이 첫 출근을 했다. 회사에서 이 둘을 맞이하는 상사와 동료의 입장은 어떨까? 그야말로 천지 차이다. A 직원을 대하는 사람들은 하나같이 상대를 호감 있게 평가한다. 그 직원을 보는 순간 이런 생각을 한다.

'참 단정하고 성실해 보이는군.'

이와 달리 B 직원을 대하는 사람은 매우 냉담하게 반응한다. 그를 보면서 이런 생각을 한다.

'칠칠하지 못하게 첫날부터 저러니 불성실해 보이는군.'

이렇듯 아무리 실력이 좋더라도, 첫인상에서 실패하면 말짱 도루묵이다. 반대로 실력이 좀 부족해도 첫인상에서 성공하면 점수를 미리 딸 수 있다. 이만큼 직장의 대인 관계에서 첫인상은 매우 중요하다. 보통 사람은 누군가를 마주쳤을 때 단 3초 만에 상대를 평가한다. 일단 상대에 대한 인상이 굳어지면 회사 생활을 하는 내내 이어진다. 따라서 직장 생활을 시작하는 사람은 면접 때만큼이나 호감 있는 첫인상을 만들기 위해 만반의 준비를 해야 한다.

　잡코리아가 2012년 전국 남녀 직장인 822명을 대상으로 '직장 생활에서 첫인상의 영향'에 대해 설문 조사를 진행했다. 그 결과 직장인의 54.4%가 첫인상이 유지된다고 답했다. 또한 여성 직장인보다 남성 직장인의 첫인상이 더 유지되는 경향이 있다고 밝혀졌다. 그렇다면 첫인상을 결정하는 요인은 무엇일까? 크게 일곱 가지 요인이 있는데, 다음과 같다.

얼굴 표정	74.5%
외모의 준수한 정도(잘생기거나 못생긴 정도)	49.4%
차림새(옷차림, 화장, 헤어스타일)	40.0%
말투와 자주 사용하는 용어 등	32.1%
체격(뚱뚱하고 날씬한 정도, 키 등)	24.5%
목소리 톤	18.1%
냄새(체취)	5.2%

첫인상을 결정하는 일곱 가지 요인 (잡코리아 설문 조사, 복수응답)

얼굴 표정: 첫인상에서 결정적인 요소

말투: 꾸준한 노력으로 단점 보완

차림새: 기업의 분위기에 맞게

앞에서 이제 막 직장 생활을 하는 사람이 반드시 갖추어야 하는 것 세 가지만 꼽으라면? 그건 얼굴 표정, 차림새, 말투다. 다른 것은 몰라도 이것만은 꼭 신경 써서 준비해야 한다.

얼굴 표정의 경우, 첫인상에서 결정적인 요소다. 아무리 차림새가 좋고, 화술이 뛰어나더라도 표정이 좋지 않으면 첫인상을 망치고 만다. 설령 차림새가 허술하고, 말투가 다소 거칠더라고 환한 미소를 띤 표정을 짓는다면 그는 첫인상에서 성공한 것과 같다.

상대에게 호감을 주는 얼굴 표정을 만들려면 미소를 지으면 된다.

차림새의 경우, 기업의 분위기에 철저히 맞추어야 한다. 공기업과 금융권, 사무직 기업의 경우 보수적인 스타일이 좋다. 네이비, 그레이, 블랙 색상의 포멀한 슈트가 좋다. 광고, 마케팅, 패션 디자인 기업의 경우 자유분방한 스타일이 좋다. 색상이나 스타일에서 마음껏 개성을 연출하도록 하자.

말투의 경우, 하루아침에 고쳐지지 않기에 꾸준히 시간을 투자해야 한다. 전문가에게 자신의 말투의 문제점을 체크받고, 사람들과 의사소통을 할 때 문제가 없도록 해야 한다. 거센 사투리나 공감을 얻지 못하는 자기 특유의 말투가 개성이라고 착각한다면 큰 오산이다.

> *Point*
>
> 이제 막 직장 생활을 하는 사람이 반드시 갖추어야 하는 것 세 가지만 꼽으라면? 그건 얼굴 표정, 차림새, 말투다. 다른 것은 몰라도 이것만은 꼭 신경 써서 준비해야 한다.

인사에서 시작해 인사로 끝내라

사소해 보이지만 결코 소홀히 할 수 없는 것

　　　　　　　　　"신입 직원의 꼴불견을 못 봐주겠어요."

대다수 직장 간부들의 푸념이다. 신입 직원의 어떤 점 때문에 이런 반응이 나오는 걸까? 직장 상사들은 신입 직원이 아무리 딱 부러지게 일을 해도 이것을 놓치면 매우 불편해한다. 그건 바로 인사다.

　인사는 얼핏 사소하게 보이지만, 이것을 소홀히 하면 직장 생활에 큰 타격을 입는다. 인사를 상황에 맞게 잘하는 직원은 직장의 대인 관계가 더 원만해지고, 동료, 상사에게 좋은 인상을 받는다. 이에 반해 수시로 인사를 놓치거나 성의 없게 인사를 하는 직원은 대인 관계가 덜거덕거리게 되고, 또 동료, 상사에게 안 좋은 이미지를 받는다.

인사는 직장 구성원에 대한 존경심의 발로이며, 상대에게 친절과 협조를 구하는 제스처다. 이를 통해 직장 구성원은 끈끈한 유대감을 형성한다. 신입 사원 대상 대화법 강의를 할 때면 이렇게 강조한다.

"직장 생활은 인사로 시작해서 인사로 끝납니다. 그런 만큼 출근할 때부터 정중히 인사를 잘하고 업무 도중에도 수시로 인사를 해야 합니다. 그리고 나서 퇴근 시에도 인사로 하루를 정리해야 합니다. 신입 사원에게 인사는 곧 업무의 하나로 봐도 될 만큼 매우 중요합니다."

신입 사원이 인사를 주저하는 이유 가운데 하나가 자신의 인사를 상대가 안 받아줄까 봐 걱정하는 것이다. 이런 걱정에 발목이 잡히면 인사 횟수가 줄어든다. 이 때문에 인사를 할 때는 당당하게 환한 표정으로 인사를 하는 게 좋다. 그러면 상대도 인사를 적극적으로 받아주게 되어 있다.

직장인이 꼭 알아야 할 인사 예절은 네 가지다.

첫째, 인사 시기다. 상대와 방향이 다를 때는 30보 이내, 상대와 마주칠 때는 6보 거리에서 즉시 인사를 하는 게 좋다. 복도에서 상사를 마주칠 경우 멈출 필요가 없이 옆으로 비키며 인사를 한다.

둘째, 시선 처리다. 반드시 인사 전과 후에 상대의 시선을 바라본다. 인사를 할 때 시선은 발끝 앞을 바라본다.

셋째, 인사 종류다. 크게 목례, 가벼운 인사, 보통 인사, 정중한 인사가 있다. 구체적으로 살펴보면 이렇다.

- 목례: 상체를 5° 정도 숙이는 것으로, 차 접대 시, 자주 마주칠 때
- 가벼운 인사: 상체를 15° 정도 숙이는 것으로, 간단한 인사, 복도, 실내에서 상사를 두 번 이상 만났을 때
- 보통 인사: 상체를 30° 정도 숙이는 것으로, 일반적인 인사로 인사의 기본
- 정중한 인사: 상체를 45° 정도 숙이는 것으로, 고객 맞이와 배웅, 사과할 때, 감사의 뜻을 전할 때

넷째, 출퇴근 시 인사다. 상사가 회사에 들어섰을 때는 반드시 자리에서 일어나서 인사를 한다. 이때 상체를 30° 정도 숙이는 인사를 하면서 "안녕하십니까?"라고 말하자. 퇴근 인사를 할 때는 "먼저 퇴근하겠습니다", "내일 뵙겠습니다"라고 말하는 게 좋다. 절대 "수고하십시오", "안녕히 계십시오"라는 말은 삼가자. 전자의 경우 윗사람이 아랫사람에게 하는 말이기에 해서는 안 되며, 후자의 경우 회사는 거주하는 곳이 아니기 때문에 부적절한 표현이다. 또한 남아 있는 상사를 배려한다면 상사에게 다가가 이런 인사말을 하는 게 좋다.

"일이 많으신가 보네요. 제가 할 일이 있습니까?"

인사는 얼핏 사소하게 보이지만, 이것을 소홀히 하면 직장 생활에 큰 타격을 입는다. 인사를 상황에 맞게 잘하는 직원은 직장의 대인 관계가 더 원만해지고, 동료, 상사에게 좋은 인상을 받는다.

Point

"죄송합니다"는 만병통치 약

말에도 관계의 윤활유가 있다

대기업 비서실에 근무하는 여직원이 있다. 이 직원은 업무를 잘하고 대인 관계가 좋다고 소문이 자자했다. 호기심에 여직원을 만났다. 한눈에 보기에도 호감 있는 인상이었고, 상대를 기분 좋게 하는 밝은 에너지를 가지고 있었다. 그녀에게 특별한 대화 요령이 있는지 물어보았다. 그녀의 답은 간단했다.

"저는 '죄송합니다'라는 말을 자주 하는 편입니다. 상대에게 폐를 끼쳐서 사과를 할 때만 하는 게 아니라 상대를 배려하는 마음에서 자주합니다. 이 말은 어떤 문제 상황도 한방에 해결하는 만병통치의 언어예요."

실제로 그녀는 하루에 수도 없이 "죄송합니다"를 반복했다. 잘못 생각하면 문제를 자주 일으키는 직원으로 오해할 수 있지만, 그녀는 전혀 그런 경우가 아니었다. 예를 들면 이렇다.

- 조금 늦게 출근했을 때
  "죄송합니다. 조금 늦었습니다."
- 사장님이 대화 중인데 끼어들 때
  "대화 중에 죄송합니다. 용건이 있습니다."
- 사장님을 찾는 전화가 왔는데, 사장님이 부재중일 때
  "죄송합니다. 사장님은 지금 외출 중이십니다."
- 전화를 건 상대의 전화번호를 확인할 때
  "죄송합니다만 전화번호를 알려주시겠습니까?"
- 사장님의 업무 지시를 잘 이해하지 못했을 때
  "죄송합니다. 방금 지시한 것을 다시 말씀해주십시오."
- 사장님에게서 주의를 들었을 때
  "죄송합니다. 지금부터 조심하겠습니다."
- 먼저 퇴근할 때
  "죄송합니다. 먼저 퇴근하겠습니다."

이렇듯 그녀는 업무 내내 "죄송합니다"라는 말을 달고 다녔다. "죄송합니다"라는 말은 통상적으로 사과를 할 때 쓰는 말로 알고 있다. 하지만 그녀는 대인 관계의 윤활유로 사용했다. 이 말을 들은 사람은 기분이 안 좋을 리 없다. 상대가 자신을 인정하고 존중하고 있다는 느낌을 받기 때문이다.

직장 생활에서는 사소한 일로 감정이 상하는 일이 많다. 이것을 미연에 방지해주는 역할을 톡톡히 하는 게 바로 '죄송합니다'이다. 사실 사람들은 과오를 저질렀을 때도 그것을 인정하기를 꺼리는 마음 탓에 쉽사리 죄송하다고 말하지 못한다. 별일도 아닌 일에 시도 때도 없이 이 말을 하기란 얼마나 어려울까?

따라서 '죄송합니다'라는 말을 매일같이 사용하는 습관을 길러야 한다. 우선 아침에 거울을 보면서 "죄송합니다"를 큰 목소리로 연습하는 게 도움이 된다. '죄송합니다'는 결코 부정적인 말이 아니라 상대에 대한 예의를 갖추는 말이다.

다음, 회사에서 동료에게 부탁을 하거나 양해를 구할 때면 반드시 이 말을 사용하자.

"죄송합니다. 이 자료를 부탁합니다."
"죄송합니다만 우리 팀 업무에 협조해주십시오."
"죄송해요. 내가 이 일을 깜빡했습니다."

이와 함께 실수나 과오를 저질렀을 때도 이 말을 사용해야 한다. 특히 자신의 실수와 과오 때문에 상대가 시비를 걸어올 때, "죄송합니다"라는 한마디는 상대의 격한 감정을 일시에 누그러뜨린다.

직장 생활에서는 사소한 일로 감정이 상하는 일이 많다. 이것을 미연에 방지해주는 역할을 톡톡히 하는 게 바로 '죄송합니다'이다.

Point

대화의 물꼬를 트는 리액션

맞장구만 잘 쳐도 처세의 달인이 된다

A 직원: 상사 및 동료의 대화에 적극적인 리액션형

B 직원: 입지가 단단한 상사를 따르는 라인형

직장 생활에서 처세는 필수다. 이 두 직원 중에서 누가 더 처세를 잘할까? 정답은 A 직원이다. 2017년 구직 사이트 사람인의 설문 조사에 따르면, A 직원이 처세왕 1위에, B직원이 처세왕 2위에 뽑혔다.

대화를 할 때 맞장구, 추임새를 잘하는 것만으로도 처세의 달인이 된다는 점을 다시금 주목하자. 대화를 할 때 상대의 말을 잘 듣고 있다는 걸 나타내는 게 맞장구, 추임새 곧 리액션이다. 대화는 벽에 대고 하는 말이 아니다. 그때그때 감정이 달라지는 사람과 나누는 말이 대화다. 따라서 듣는 이의 반응이 대화에서 중요한 역할을 한다.

영혼 없이 고개를 끄덕이는 사람 앞에서는 대화가 잘 진전되지 않는다. 반면 대화에 진심으로 반응하는 사람 앞에서는 흥이 나서 더 대화를 하고 싶어진다. 심리학자 조지프 마타라조는 이를 입증했다.

그는 경찰관과 소방관 채용 시험 면접 지원자를 대상으로 실험을 했다. 45분의 면접 시간 중에 처음 15분간만 면접관이 고개를 끄덕이며 이야기를 듣게 했다. 그 결과, 15분간 고개를 끄덕였을 때가 그렇지 않은 30분 동안보다 면접 지원자의 말이 더 많았다. 다른 면접관을 바꿔도 같은 결과가 나왔다. 이를 토대로 대화를 잘 이끌어가기 위해서는 불필요하게 자기 이야기를 꺼내기보다 오히려 상대 이야기에 리액션을 취하는 게 낫다는 걸 알 수 있다.

리액션은 크게 세 가지 방법이 있다.

가장 손쉽게 할 수 있는 건 고개 끄덕이기다. 말을 하는 사람은 상대가 자신에 말을 잘 경청하고 있는지 궁금하다. 그런데 상대가

| 리액션 세 가지 |

무표정하게 있으면 자신의 말에 상대가 별 관심을 보이지 않는다고 판단할 가능성이 높다. 따라서 시의적절하게 고개를 끄덕이면 상대는 만족감을 느끼고 대화를 더 이어간다.

다음은 박수 치기다. 이것을 잘하면 상사의 눈에 들게 된다. 자신의 말에 감동을 받고 박수를 치는 직원이 있다면 상사는 그를 자신의 충복으로 삼는 데 주저하지 않는다. 회의나 발표 등 공식적인 자리는 물론 여러 명이 대화를 하는 사석에서도 아낌없이 박수를 치자. 박수는 말하는 상대에게 보낼 수 있는 최고의 찬사다.

마지막는 감탄하기다. 대표적으로 "정말요?", "그래서요?", "훌륭합니다"가 있다. 이런 말은 들은 상대는 흥이 난다. 가령 상사가

"이번에 승진을 했어"라고 말하면 이렇게 말하자.

"정말요? 훌륭합니다."

또한 상사가 출장을 갔던 일을 말할 때는 이야기가 끊어지지 않고 탄력을 받도록 이렇게 말하자.

"그래서요? 그다음은 어떻게 됐습니까?"

리액션은 많이 하는 것보다 단 한 번 하더라도 진정성을 가지고 하는 게 중요하다. 상대에게 잘 보이려고 너무 자주 맞장구를 치면 오히려 역효과가 난다. 상대는 단박에 '영혼 없음'을 간파한다. 그리고 맞장구는 아부와 다르다는 점을 꼭 기억하자. 따라서 상사가 하는 말이 마음에 들 때는 기분 좋게 맞장구를 치지만, 그렇지 않을 때는 그에 맞게 덜 호의적으로 맞장구를 쳐야 한다. 마지막으로 맞장구 타이밍을 기억하자. 맞장구는 자칫 대화의 흐름을 끊을 수 있기에 반드시 상대가 말을 끝낸 후 몇 초 후에 하는 게 좋다.

> 대화를 할 때 맞장구, 추임새를 잘하는 것만으로도 처세 달인이 된다는 점을 다시금 주목하자. 리액션은 크게 세 가지 방법이 있다. 가장 손쉽게 할 수 있는 건 고개 끄덕이기다. 다음은 박수 치기다. 마지막은 감탄하기다.

Point

호칭과 높임말은 깍듯하게

호칭과 높임말에서도 원칙을 지켜라

"성을 빼고 이름과 직함을 붙여서 호칭을 불러도 됩니까?" 신입 직장인에게서 종종 접하는 질문이다. 이렇게 하면 안 된다. 이런 식으로 하면 "철수 과장님", "인호 부장님"이라는 호칭이 나온다. 이건 결례다. 성에 직함을 붙여서 불러주는 게 예의다. 그러니까 이렇게 바꿔야 한다.

"박 과장님."

"김 부장님."

경우에 따라 이름 전체와 직급을 붙여주는 것도 좋다. 그러면 상대가 존중받는 느낌을 받는다. 이런 식이다.

"박철수 과장님."

"김인호 부장님."

타 부서의 상사를 부를 경우에는 부서명과 직급을 붙여서 "기획팀장님", "마케팅부 과장님"이라고 해야 한다. 그리고 만약 이름과 직함을 모르는 상사를 만났을 때는 "선생님"이라고 호칭을 하는 게 좋다. 그러고 나서 상대의 이름과 직함을 물어볼 수 있다.

직급이 같은 동료의 경우에는 "박 대리", "현아 씨" 등으로 부르면 된다. 직급이 낮은 사원들에 대한 호칭은 유의해야 한다. 나이가 어리다고 "이 군", "민 양"이라고 부르는 건 맞지 않다. 상대에 대한 존중의 의미로 "~씨"라고 불러야 한다. 직원 동료의 선후배 사이일 경우에는 선배를 부를 때는 "선배님"이라고 하고, 후배를 부를 때는 "~씨"라고 하는 게 맞다.

호칭과 함께 빠뜨리지 말아야 할 게 높임말이다. 한 기업체에 강의를 갔을 때다. 한 직원의 안내로 사장실로 들어갔다. 이때 직원이 사장님에게 이렇게 나를 소개했다.

"사장님, 오 강사님이 왔습니다."

이 말을 듣고 뜨끔했다. 직원의 높임말이 부적절했기 때문이다. 이는 직원들에게 직장 예절로 호칭과 높임말을 제대로 교육시키지 않았기에 생긴 일이다. 신입 직원들이 자주 혼동하는 것 중에

하나가 압존법이다. 압존법은 말하는 사람보다 윗사람이지만 청자보다 아랫사람인 주체에 대해 높임 정도를 낮추는 표현을 말한다. 이는 일상생활에서 흔히 접할 수 있다.

가령 "할아버지, 아버지께서 지금 오셨습니다"라고 하지 않고 "할아버지, 아버지가 지금 왔습니다"라고 해야 맞다. 할아버지가 아버지보다 높기 때문에 아버지에 대한 높임말을 사용하지 않는다.

그런데 직장 생활에서는 압존법을 사용하지 않는다. 말을 건네는 상사와 주체가 되는 상사 모두를 높임말로 사용하는 게 맞다. 따라서 앞의 "사장님, 오 강사님이 왔습니다"는 "사장님, 오 강사님께서 오셨습니다"라고 해야 한다.

호칭과 높임말은 사소한 것이다. 하지만 영어와 달리 우리말에서는 호칭과 높임말이 발달되어 있다. 가정, 직장, 사회에서 상대를 존중하는 예의 문화가 우리말에 깊이 스며들었다. 따라서 직장에서는 호칭과 높임말에 각별히 유념해야 한다. 그래야 직장에서 서로 존중하고 배려하는 조직 문화가 싹튼다. 모름지기 프로라면 호칭과 높임말을 절대 놓치지 말아야 한다.

직장에서는 호칭과 높임말에 각별히 유념해야 한다. 그래야 직장에서 서로 존중하고 배려하는 조직 문화가 싹튼다. 모름지기 프로라면 호칭과 높임말을 절대 놓치지 말아야 한다.

Point

격식에 맞게 소개하기

매끄러운 소개는 좋은 인상을 준다

직장 생활에서는 수시로 소개하는 일이 생긴다. 자신부터 타인까지 소개하는 일이 많은데 이를 매끄럽게 하면 좋은 인상을 줄 수 있다. 하지만 미숙하게 소개를 하다가 점수를 깎아먹는 경우가 적지 않다.

먼저 직장인이 자신을 소개하는 요령을 알아보자. 회사 내 동료와 상사뿐만 아니라 내방객에게 자신을 소개할 때면 이렇게 말하는 게 좋다. 그리고 나서 자신의 성명, 소속, 직위 등을 간단히 말해야 한다.

"안녕하십니까?"

"처음 뵙겠습니다."

"잘 부탁드립니다."

"뵙고 싶었는데 반갑습니다."

다음 다른 사람을 소개할 때의 순서를 알아보자. 이때는 상황에 따라 다르기 때문에 잘 기억해두어야 한다. 첫째, 직위와 나이가 다른 사람을 소개할 때는 직위가 낮고 나이가 적은 사람을 직위가 높고 나이가 많은 사람에게 소개한다. 가령 박 대리와 김 부장을 소개할 경우 이렇게 하면 된다.

"이분은 박 대리입니다."

둘째, 직위와 나이가 비슷하고 동성인 경우에는 친한 쪽을 먼저 소개한다. 또한 여성의 경우 미혼자를 기혼자에게 소개하는 게 원칙이다. 가령 신입 사원인 미혼자 최민주 씨와 신입 사원인 기혼자 이영주 씨를 소개할 경우 이렇게 하면 된다.

"이분은 최민주 씨입니다."

셋째, 남성과 여성을 소개할 경우에는 남성을 여성에게 먼저 소개한다. 하지만 남성이 지위가 높거나 나이가 많을 경우에는 여성을 남자에게 소개해야 한다. 예를 들면 이렇다.

"이분은 최영희 대리입니다."

넷째, 동료 직원과 손님을 소개할 경우에는 직원을 손님에게 소개해야 한다. 예를 들면 이런 식이다.

"손님, 이분은 박경철 대리입니다."

다섯째, 한 사람이 여러 사람을 소개할 경우에는 좌측으로 한 명씩 소개한다. 이때 직위가 높거나 나이가 특별히 많은 분은 우선 소개해야 한다.

이와 함께 소개는 악수와 명함 예절을 통해 완성된다는 점을 잊지 말자. 아무리 소개를 잘했다 하더라도 악수, 명함 예절에 그

르친다면 소개를 잘했다고 볼 수 없다. 다음 악수 예절과 명함 예절을 잘 기억해두자.

악수 예절 네 가지

1. 악수는 오른손으로 해야 한다
2. 악수할 때는 손끝만 잡으면 안 된다
3. 악수는 윗사람이 청한다
4. 여성에게는 청하지 않는다

명함 예절 다섯 가지

1. 인사 악수 후 건넨다
2. 명함은 방문자나 아랫사람이 먼저 준다
3. 명함을 전달할 때는 모서리 끝을 잡는다
4. 소속과 이름을 말하면서 건넨다
5. 받은 명함은 보관에 주의한다

자신부터 타인까지 소개하는 일이 많은데 이를 매끄럽게 하면 좋은 인상을 줄 수 있다. 하지만 미숙하게 소개를 하다가 점수를 깎아먹는 경우가 적지 않다.

Point

깍듯한 전화 응대 요령

직원의 전화 응대 요령을 보면 회사가 보인다

"여보세요?"

"네."

"거기 P사입니까?"

"그렇습니다."

"…."

기업체에 용무가 있어서 전화를 걸 때가 많다. 그런데 간혹 이런 식으로 딱딱하게 통화를 하는 일이 있다. 이 회사에서는 직원이 전화 응대 요령을 제대로 교육받지 않았다. 만약 내가 이 회사의 고객이었다면 이 회사와는 다시 상종하기 싫어질 거다.

사람과 대면해서 주고받는 대화에는 신경을 쓰지만 정작 전화를 통한 대화에는 별 주의를 기울이지 않는 경우가 있다. 실상 기업체에서는 고객이나 외부인에게 전화로 응대할 때가 굉장히 많다. 따라서 각별히 전화 통화 요령을 숙지하는 게 필요하다.

깍듯하게 잘 대응한 전화 통화로 인해 많은 매출 수익이 발생할 수도 있고, 또 회사 직원을 찾는 외부인에게 회사의 긍정적인 이미지를 심어줄 수 있다.

먼저 전화를 받을 때 요령을 알아보자. 우선 수화기는 전화벨이 길게 울리기 전에 드는 게 좋다. 수화기를 들고 나서는 전화를 받는 장소, 전화를 받는 사람의 이름, 직책을 말한다. 가령 이런 식이다.

"안녕하세요. ○○기업 ○○실 ○○○ 대리입니다."
"감사합니다. ○○부 ○○○ 차장입니다."

만약 전화벨이 3번 이상 울린 후 전화를 받았다면 이때는 전화 대응이 늦은 거다. 이때는 이렇게 말하자.

"오래 기다리셨습니다. ○○부 ○○○입니다."

그런데 바쁠 때라서 전화 응대가 어려울 경우에는 어떻게 하면 좋을까? 이때 이렇게 하면 된다.

"죄송합니다. 지금은 통화가 어렵습니다. 제가 다시 걸겠습니다."

이와 함께 전화를 건 사람이 다른 직원을 찾을 때는 잠시 기다려달라고 말한 후 신속히 바꾸어준다. 이때 해당 직원이 부재중인 경우 그 사실을 알려주고 대신 받아도 되는지 묻고, 용건을 물어서 메모한 후 전달해준다.

다음 전화를 걸 때 요령을 알아보자. 전화를 하기 전에 미리 이야기할 내용을 정하여 가능한 한 짧게 통화하는 게 좋다. 일단 전화를 한 후 상대가 수화기를 들으면 상대를 확인하고 자기소개를 한다.

"○○부 ○○○ 부장님입니까? 안녕하세요. ○○사 ○○부 ○○○ 부장입니다."

이와 함께 통화를 할 때는 최대한 말투와 목소리에 신경을 써야 한다. 상대의 표정과 마음을 모르는 상태에서 목소리만으로 대화를 하기에 목소리가 상대에 대한 평가의 잣대가 되기 때문이다. 상대에게 좋은 인상을 주고자 한다면 신중하게 단어를 선택하여 차분하게 말하는 게 좋다.

> 깍듯하게 잘 대응한 전화 통화로 인해 많은 매출 수익이 발생할 수도 있고, 또 회사 직원을 찾는 외부인에게 회사의 긍정적인 이미지를 심어줄 수 있다.

Point

대화는 핑퐁게임처럼 주고받는 것이다

대화를 잘하는 것과 말을 잘하는 것은 다르다

직장인들이 스피치에 대한 관심이 많다. 상당수는 입사 전에 스피치 학원에서 말하기를 체계적으로 배우고 나서 면접 때, 직장 생활 때 톡톡히 실력 발휘를 한다. 그런데 일부 직장인들은 대화를 잘하는 것과 말을 잘하는 것을 혼동하고 있다.

대화는 말하는 사람과 듣는 사람 사이에 주거니 받거니 해야한다. 말을 잘 주고받는 게 대화의 성패를 좌우한다. 이와 달리 단지 말을 잘하는 것은 일방적으로 자기 말을 늘어놓는 것을 말한다. 이것의 대표적인 예로 혼자 마이크를 독차지한 듯이 말을 마구 쏟아내는 웅변형 말하기를 들 수 있다.

직장 생활을 할 때 중요시되는 건 일방적인 말하기가 아니라 대화다. 따라서 순조로운 대화를 가로막는 일방적인 말하기를 삼가는 게 필요하다. 흔히 직장에서 자주 생기는 일방적인 말하기는 다음과 같다. 이런 말로 인해 대화 단절, 소통 두절이 생긴다.

- 지시 명령형 "빨리 해. 잔소리 말고."
- 훈계설교형 "이걸 조심하라고 몇 번이나 말했습니까? 말을 하면 잘 귀담아들어야지 아이도 아니고 칠칠하지 못하게 이게 뭡니까? 잘 아시다시피 우리 부서의 기본 방침은…."
- 단정평가형 "더 말하나 마나입니다. 뻔해요. ○○○ 대리는 늘 그런 식이잖아요!"
- 취조탐색형 "팀원 ○○○ 씨 때문에 이런 손실이 생겼네요. 대체 왜 그랬습니까? 일에 대한 과욕 때문입니까? 아님 우리 팀을 수렁을 몰고 가려고 작정을 했습니까?"

이러한 말하기만 삼가도 대화가 훨씬 매끄럽게 이어질 수 있다. 거듭, 대화는 한쪽에서 다른 한쪽으로 일방통행으로 이루어지는 게 아니라 한쪽과 다른 한쪽이 쌍방향으로 이루어진다는 걸 명

심하자. 많은 이들이 대화를 어려워하고 대화를 잘하지 못하는 가장 큰 이유는 대화를 쌍방향으로 하지 못하기 때문이다. 이는 곧 대화가 주고받는 핑퐁게임이라는 점을 간과하기 때문이다.

공이 매끄럽게 잘 왔다 갔다 하는 핑퐁게임을 하려면 어떻게 해야 할까? 가장 중요한 건 상대와 수평적 관계를 유지하는 자세다. 상대가 일단 수직적 관계라고 느끼는 순간 대화는 단절되고 만다. 이 때문에 대화를 할 때 상대와 대등한 관계임을 잘 부각시켜야 한다. 다음의 네 가지 방법을 잘 기억하자.

첫째, 상대에 대한 선입견을 버려라. 일단 상대가 어떻다고 미리 판단하면 좋은 대화를 나누기 어렵다. 대화를 나누기 전의 모든 사람은 다만 '이름 없는 꽃'에 불과하다. 선입견과 편견 없는 자세로 대화에 나설 때 상대는 비로소 자신의 이름을 드러낸다.

둘째, 혼자 많은 말을 하지 말라. 자신이 말을 많이 하는 데 주력하기보다는 상대가 더 많은 말을 하도록 만들자. 말의 비율을 자신은 40%, 상대를 60%로 잡자. 그러면 대화에 흥이 붙어서 끊이지 않고 이어진다.

셋째, 공통의 관심사를 화제로 삼아라. 일상 대화를 할 때는 흥미로운 시사 화제로 시작하는 게 좋다. 회사 내에서는 상대의 취향이나 의견, 관점을 잘 고려해 공통점을 찾아낸 후 대화나 회의를 이끌어가자.

넷째, 상대의 반응에 신경을 써라. 상대가 대화에 집중하는지, 다른 것에 신경 쓰지 않는지 잘 살펴야 한다. 그러면서 상대가 좋아하는 게 뭔지를 파악해서 그것 위주로 대화를 이어가면 좋다. 상대의 기분이 좋아지도록 치어리더처럼 말로 흥을 돋워보면 좋은 대화가 이어지지 않을까?

Point

대화는 한쪽에서 다른 한쪽으로 일방통행으로 이루어지는 게 아니라 한쪽과 다른 한쪽이 쌍방향으로 이루어진다는 걸 명심하자.

대화의 기본, 상대의 성향 분석

상대의 유형을 파악하면 대화에 막힘이 없다

자신과 죽이 척척 맞는 동료, 상사가 있는가 하면, 사사건건 부딪히는 동료, 상사가 있다. 어떤 동료, 상사와는 대화가 잘 통하는 반면 어떤 동료, 상사와는 대화가 잘 통하지 않는 경우가 있다. 이로 인해 회사에서 서로 네 탓이라고 하면서 갈등이 생기는데 사실 이는 누구의 탓도 아니다. 이는 사람마다 다른 성격 탓이다.

내성적인 사람은 내성적인 사람과 잘 소통할 수 있고, 마찬가지로 외향적인 사람은 외향적인 사람과 잘 맞을 수 있다. 그렇지 않을 경우에는 대면하기 싫어진다. 내성적인 사람은 조심조심 말을 하면서 속내를 잘 드러내지 않는다. 외향적인 사람은 이를 답답하게 여긴다. 대화를 잘 못한다고 여긴다.

마찬가지로 외향적인 사람이 거침없이 말을 쏟아내면 이를 내성적인 사람은 잘 받아들이지 못한다. 신중하지 못하게 대화를 한다고 생각할 수 있다. 성격이 다른 이유로 다른 사람과 대화가 잘 안 되는 일이 비일비재하다. 따라서 상대의 성격에 맞게 대화하는 요령을 습득하는 게 좋다. 대화를 자신에게 맞추는 게 아니라 상대의 성격에 맞추는 것이다. 이렇게 하면 아무리 상이한 성격을 가진 사람과도 매끄러우면서도 허심탄회하게 대화를 이어갈 수 있다.

직장인의 성격 유형은 네 가지로 나눌 수 있다. 1928년 미국 컬럼비아대학 심리학과 교수 윌리엄 몰턴 마스턴에 의해 사람의 행동 유형 모델 DISC가 만들어졌다. 이에 따르면 사람의 성격은 주도형, 안정형, 사교형, 신중형으로 나뉜다. 구체적으로 보면 다음과 같다.

주도형 Dominance 자아가 강하고 목표 지향적이며, 도전에 의해 동기부여가 된다. 통제권을 상실하거나 이용당하는 것을 싫어한다. 말하기를 즐기며, 성과를 얻기 위해 말한다. 무엇(What)에

초점을 둔다. 주도형의 말투 특징은 다음과 같다. 자기 말을 많이 하며, 본론 중심으로 말을 한다. 또한 성격이 급해 상대 말을 자주 끊고 자기 의사를 표시하며, 상대에게 다소 부담이 되는 말을 한다.

사교형 Influence 낙관적이고 사람 지향적이며, 사회적 인정에 의해 동기부여가 된다. 사람들에게 배척받는 것을 꺼려하며 강압적 분위기에서 일을 잘하지 못한다. 말하기를 즐기며, 인정을 받기 위해 말한다. 누구(Who)에 초점을 둔다. 사교형의 말투 특징은 다음과 같다. 웃으면서 말을 하며, 사적인 이야기를 잘한다. 또한 말을 할 때 제스처가 크며 대화 시 교감을 중시한다.

안정형 Steadiness 정해진 방식으로 일하고 팀 지향적이며, 현재 상태를 안정적으로 유지하는 것에 의해 동기부여가 된다. 안정성을 상실하는 것과 변화를 꺼려한다. 강압적인 분위기에서 남을 위해 자신을 양보한다. 듣기를 즐기며, 이해를 하기 위해 듣는다. 방법(How)에 초점을 둔다. 안정형의 말투 특징은 다음과 같다. 목소리가 작고 주로 듣는 편이며, 제스처를 많이 쓰지 않는다. 이와 함께 말에 감정을 잘 드러내지 않는다.

신중형 Conscientiousness 세부적인 사항에 주의를 기울이고, 분석적이며 과업 지향적이다. 정확성과 양질을 요구하는 것에 의해 동기부여가 된다. 자신이 수행하는 일을 비판당하는 것을 꺼려하며, 강압적인 분위기에 비판적이다. 듣기를 즐기며, 분석을 하기 위해 듣는다. 이유(Why)에 초점을 둔다. 신중형 말투의 특징은 다음과 같다. 말하기보다 질문을 좋아하는 편이며, 사무적인 말투의 특징을 가지고 있다. 이와 함께 어떤 사안에 대해 말할 때 대충 하는 법이 없이 늘 정확한 분석과 비교를 중시한다.

직장 동료, 상사 그리고 부하 직원은 이 네 가지 유형으로 구분할 수 있다. 이를 참고해 상대 유형을 잘 파악한 후 그의 대화 스타일에 맞게 대화를 이끌어가야 한다. 이렇게 대화를 하면 불필요

성격 유형 구분(DISC)

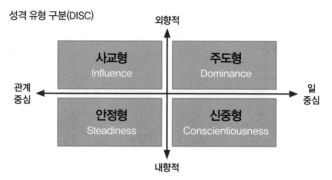

*1928년 미국 컬럼비아대학 심리학과 교수인 윌리엄 몰턴 마스턴 박사가 주창한 이론

한 오해, 감정싸움, 소통 단절과 같은 문제가 발생하지 않는다. 어떤 상황에서 어떤 화제와 어떤 용건으로 대화를 하더라도 막힘없는 순탄 대로가 펼쳐진다.

동료, 상사, 직원과 각각 대화 시 상대 유형에 따른 대화 솔루션은 다음 장에서 순서대로 하나씩 소개한다.

상대의 성격에 맞게 대화하는 요령을 습득하는 게 좋다. 대화를 자신에게 맞추는 게 아니라 상대의 성격에 맞추는 것이다.

Point

3장

동료와 끈끈하게 통하는 대화법

동료 유형에 따른 대화법

신속하게 동료의 유형을 파악하라

"동료 때문에 회사에 가기 싫어요." 직장인들은 동료와의 소통 문제 때문에 스트레스를 많이 받는다. 모 통계에 따르면 직장인의 10명 중 9명이 그렇다. 심할 경우 동료 때문에 사표를 쓰게 된다고 한다. 일을 위해서 직장에 다닌다고 해도 동료와의 인간관계가 삐걱거리면 일이고 뭐고 만사 팽개치고 싶어진다.

자신과 같은 직위의 동료와는 일에서도, 또 사적인 영역에서도 자주 만나게 된다. 따라서 동료와의 관계는 각별히 신경을 써야 한다. 동료와 커뮤니케이션에 차질이 생겼을 때 대충 눈감고 지나가거나, 혼자 꾹꾹 참는 것은 좋은 해법이 될 수 없다. 대화를 통해 동료와 원만한 관계를 만들 수 있어야 한다.

이때 우선적으로 필요한 게 동료 성향에 대한 파악과 그에 따른 대화법이다. 동료의 성격 유형에 따라 대화를 한다면 시시콜콜한 문제로 감정이 상해서 언쟁이 생기는 일이 없다. 말투를 통해 알 수 있는 동료 유형 네 가지와 그에 따른 대화법은 다음과 같다.

"이봐, 빨리 업무를 추진하라고. 이번에 우리 팀의 최고 실적 달성을 위해서 말이야. 그리고 내가 하는 일에 대해선 절대 노터치인 거 잘 알지? 난 내 일에 누가 왈가왈부하는 걸 싫어해."

목표 달성에 관심이 많고, 자기 고집이 세다. 또한 누구로부터 간섭받는 것을 싫어한다. 이런 특징을 보인다면 주도형 동료다. 주도형 동료는 업무 추진과 성취에 대한 이야기를 좋아하는 반면, 누군가에 의해 통제받는 것을 싫어한다. 주도형 동료와는 업무, 일 추진 이야기를 자주 하는 게 좋다.

"우리가 회사에 있는 이유는 뭐니 뭐니 해도 실적 때문이라고. 그러니까 우리 쓸데없는 잡담을 하지 말고 일에 대해 논의하자고. 이번엔 최고의 실적을 내보자."

"김 대리의 생각은 어때? 난 팀원들이 싫어하는 건 절대 하기 싫더라고. 지금 상황이 안 좋은 건 잘 알지만 그래도 우리가 똘똘 뭉

치면 잘될 거야. 오늘 저녁에 회식 어때?"

일보다 사람에게 더 관심이 많고, 정이 많다. 또한 통제받는 분위기를 싫어하며 사람들에게 인정받는 걸 좋아한다. 이는 사교형 동료다. 팀의 성과가 좋든 나쁘든 항상 낙천적이며, 사람과의 관계를 중시한다. 사교형 동료와는 사람과 돈독한 관계 맺는 것에 대한 이야기를 자주 하는 게 좋다.

"요즘 분위기가 너무 삭막한 거 같네요. 그렇지요? 차 한잔 하자고요. 일 때문에 너무 치여 지냈는데 기분 전환을 합시다. 주말에 단합 대회로 등산 가면 어떨까요?"

"이번 프로젝트는 김 차장에게 넘기겠습니다. 저보다 김 차장의 실력이 뛰어나잖아요. 저는 아무래도 혼자 새로운 일을 착수하는 것보다 기존의 일을 팀원과 함께 잘 진행하는 게 좋습니다."

남에게 양보하는 성향이 강하고, 팀원을 중시한다. 또한 안정되지 않는 새로운 변화를 극도로 꺼려한다. 이는 안정형 동료다. 주로 말하는 것보다 듣는 쪽이며 팀플레이를 중시한다. 안정형 동료와는 기존 틀을 유지하고 팀플레이에 대해 이야기하는 게 좋다.

"팀이 있고 나서야 성과가 있습니다. 우리 기획 1팀이 축구팀처럼 각자 역할 분담을 잘해야 합니다. 항상 해오던 대로 변함없이 잘 해봅시다."

"이번 PPT 잘 준비한 듯한데요. 흠을 잡자면 데이터를 좀 더 확실하게 제시하면 좋겠습니다. 이런 사소한 것에서 지적받는 건 좋지 않습니다."

"작은 것 하나를 소홀히 해서야 큰일을 할 수 있겠습니까? 이번 프로젝트는 하나에서 열까지 단 하나의 흠집이 나오지 않게 꼼꼼하게 추진해보자고요."

세부 사항에 주의를 기울이고, 분석적이다. 특히 정확성과 양질을 중시한다. 이는 신중형 동료다. 주로 분석을 하기 위해 잘 들으며, 자신의 일에 비판받는 것을 싫어한다. 신중형 동료와는 꼼꼼한 일 처리와 분석적인 일에 대한 이야기를 하는 게 좋다.

우선적으로 필요한 게 동료 성향에 대한 파악과 그에 따른 대화법이다. 동료의 성격 유형에 따라 대화를 한다면 시시콜콜한 문제로 감정이 상해서 언쟁이 생기는 일이 없다.

Point

격의 없이 자주 대화하라

격의 없는 대화는 소모적인 게 아니다

    "동료와 자주 대화하는 게 소통의 지름 길입니다." 모 벤처기업 특강에서 한 말이다. 해당 기업은 직원 간의 소통에 문제가 있어서 내게 소통 노하우 강의를 부탁했다. 대표님에 따르면, 창립한 지 얼마 되지 않았지만 매출액이 천억 원대로 고속 증가했다고 한다. 그런데 회사 규모가 커지고 일이 많아짐에 따라 점차 상사와 직원, 동료와 동료 간의 소통에 문제가 생기기 시작했다.

    대표님은 말했다.

    "초창기에는 직원들 손발이 척척 맞았습니다. 의사결정과 지시

이행 속도가 매우 빨랐지요. 그런데 요즘은 무엇 하나 지시를 내려도 시간이 걸리고, 또 직원들 간의 의견 차이로 마찰이 심합니다. 이래서야 뭔 일을 하겠습니까?"

특강을 하기 전에 대표님과 회사 관계자와 상담 시간을 가졌다. 이 과정에서 직원들이 절대적으로 대화 시간이 부족하다는 걸 알 수 있었다. 대표님이 회의를 자주 한다면서 대화에는 문제가 없다고 말했으나 그건 오해였다. 회의는 업무의 한 과정이다. 대화는 직원들이 사적으로 친밀하게 나누는 것을 말한다. 절대 업무 이야기는 배제된다. 결국, 그 벤처기업의 소통에 필요한 건 다른 게 아니라 직원들의 대화 시간이라고 보았다.

실제로 우리나라 직장인이 동료와 나누는 대화 시간은 매우 적다. 2014년 취업포털 커리어가 직장인 1,010명을 대상으로 설문 조사한 결과, 직장인이 동료와 하루 평균 나누는 대화 시간은 23분으로 나타났다. 이렇게 절대적으로 대화 시간이 부족하므로 동료들 간 소통에 큰 차질이 생기는 건 당연하다.

직장인의 76%는 직장 내 대화가 단절되었다고 응답했다. 그렇다면 왜 대화가 단절된 걸까? 그 이유는 이렇다.

- 눈치가 보여서(38.4%)
- 업무가 많아서(32.5%)
- 메신저로 대체해서(18.2%)
- 자리 구조상 불편해서(5.7%)

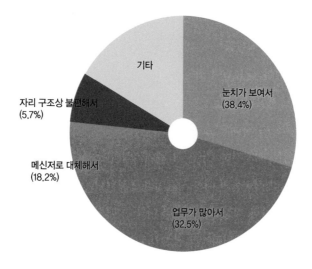

이와 함께 동료와 나누는 대화를 꺼리게 되는 이유는 다음과
같다.

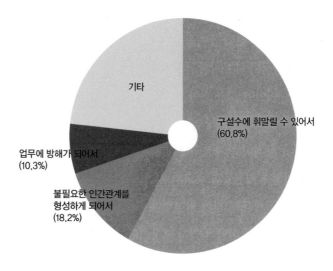

- 구설수에 휘말릴 수 있어서(60.8%)
- 불필요한 인간관계를 형성하게 되어서(18.2%)
- 업무에 방해가 되어서(10.3%)

회사는 일을 하는 곳이고, 직장인은 생산성을 발휘해야 한다.
생산성이 떨어지면 회사에서 입지가 줄어들 수밖에 없다. 그런데
생산성을 높이는 데 대화가 큰 도움이 된다는 걸 아는가?

하버드대 경영대학원 엘튼 메이요 교수는 대화가 생산성을 높인다는 사실을 밝혀냈다. 1924년 전자기기와 통신장비를 개발하는 미국 웨스턴일렉트릭사가 직원 생산성 때문에 고민에 빠졌다. 생산성 향상을 위해 급여를 높이고, 복지와 시설을 개선했다. 그런데도 생산성이 나아지지 않았다.

이때 엘튼 메이어 교수 팀이 이 문제에 대해 연구에 들어갔다. 엘튼 메이어 교수 팀은 직장인들과 인터뷰를 시작했다. 이 과정에서 직원들이 사적이며 자질구레한 이야기를 털어놓았다. 그런데 놀랍게도 이렇게 직원들과 대화의 시간을 갖는 것만으로 생산성이 오르기 시작한다는 것이 밝혀졌다. 직원들은 대화를 통해 직장에 대한 높은 만족감을 얻었기 때문이다.

따라서 동료와 격의 없이 대화 시간을 자주 갖는 게 좋다. 그 시간은 소모적으로 보일지 몰라도 대화 시간을 많이 가질수록 직원들은 더욱더 투명하게 소통하게 되고, 이에 따라 회사에 대한 만족도와 생산성이 높아진다.

동료와 격의 없이 대화 시간을 자주 갖는 게 좋다. 그 시간은 소모적으로 보일지 몰라도 대화의 시간을 많이 가질수록 직원들은 더욱더 투명하게 소통하게 된다.

Point

상사 뒷담화 사용법

상사 뒷담화가 없어지지 않은 이유

　　직장인들은 어떤 소재로 가장 많이 가십성 대화를 할까? 연예인과 정치인, 동료, 상사의 리더십, 보상과 승진에 대한 불만 중 무엇일까? 정답은 상사의 리더십이다.

　2012년 LG경제연구원에 따르면, 직장인들의 상사를 소재로 한 뒷담화(가십)가 늘어나고 있다고 한다. 구체적으로는 업무 방식의 차이, 부당한 업무 지시, 초과 업무, 부당한 질책 등 상사의 리더십이 뒷담화 소재 1위에 뽑혔다.

　직장인들은 실제로 사내에서, 회식 자리 등에서 상사를 안주 삼아 험담하는 일이 많다. 과연 그 이유가 뭘까? 심리학의 관점에 보면 낮은 지위에 있는 사람이 높은 지위에 있는 사람을 헐뜯고 끌어내리려고 하는 본능이 있다. 누구나 높은 지위에 있는 사람 앞에 서면 자신이 한없이 초라하게 느껴진다. 그러면서 자신의 지위감에 손상을 입는다. 다시금 자신의 지위감을 회복하려면 높은 지위에 올라야 하는데, 그건 결코 쉽지 않다. 결국 높은 지위에 있는 사람을 험담하는 것으로 만족을 얻는다.

이와 함께 높은 지위의 사람을 둔 직장인은 늘 스트레스를 달고 산다. 언제 상사로부터 지적질을 당할지 몰라서 늘 불안하다. 바로 이때 동료끼리 상사 뒷담화를 하면 스트레스 호르몬 코르티솔 수치가 낮아진다. 또한 뒷담화를 공유한 동료 사이에 끈끈한 유대감이 형성되어 행복 호르몬 옥시토신이 분비된다.

바로 이런 이유에서 직장인들은 늘 상사 뒷담화를 하곤 한다. 이 과정에서 회사와 타인에 대한 정보를 확보할 수 있는 이점도 있다. 하지만 직장인의 71%는 뒷담화를 하는 사람을 신뢰하지 못한다고 한다. 이와 함께 직장인 57%는 이런 답변을 내놓았다.

"뒷담화는 팀워크와 신뢰 등 조직 문화 형성에 좋지 않은 영향을 끼칩니다."

따라서 뒷담화를 하되, 부정적 영향이 생기지 않도록 유의해야 한다. 뒷담화를 할 때 유의점은 네 가지다.

첫째, 가능하면 뒷담화의 대상 말고 상황에 초점을 맞추라.
죄를 미워해도 사람을 미워하지 말라는 말이 있다. 상사 역시 그 자리에서 책임과 역할을 충실히 하려고 하다 보니, 부지불식간에 부하 직원에게 고충을 줄 수 있다. 상사에 초점을 맞추어 험담을 하면 상사에 대한 웅분이 가라앉지 않고 더 심해질 뿐이다. 상사를 겨누었던 화살을 '상황'으로 돌려놓으면, 상사에 대한 악한 감정이 차츰 잦아든다.

둘째, 정확하지 않은 사실은 언급하지 말라.

험담하는 사람은 듣는 이의 이목을 집중시키기 위해 더 부풀려 말하는 경향이 있다. 이때 사실을 왜곡하고 싶은 유혹이 생기기도 한다. 뒷담화는 사실에 근거를 두고 해야만 그 가치를 인정받을 수 있으며, 이로써 조직의 결속력에 악영향을 미치지 않는다.

셋째, 지나치게 눈살 찌푸리지 않고 분위기를 유머러스하게 하자.

뒷담화의 이점은 스트레스 해소다. 따라서 뒷담화를 한답시고 목에 핏대를 세워가면서 할 필요가 있을까? 노래방에서 노래하면서 즐기듯이, 기왕이면 유머러스하게 뒷담화를 하는 게 좋다.

넷째, 듣는 이의 공감을 얻을 수 없는 내용은 삼가자.
뒷담화에는 공감대가 중요하다. 뒷담화를 듣는 동료가 모두 고개를 끄덕이며 수긍할 수 있어야 한다. 억하심정 때문에 상사 전체에 대한 험담으로 확대하지 말자. 이는 어느 누구도 바라지 않는다. 동료들 모두 불편을 느끼는 직장 상사에 대해 험담을 하는 게 좋다.

Point

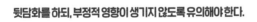뒷담화를 하되, 부정적 영향이 생기지 않도록 유의해야 한다.

사적인 비밀을 공유하라

비밀 공유 대화법이란?

"이건 비밀인데, 선생님에게만 말씀드립니다."

"이런 얘기는 아무한테나 하지 않는데 실은…."

누군가와 친밀감을 얻고자 할 때 자주 쓰는 말이다. 이는 '비밀 공유 대화법'이다. 나는 사회생활을 하면서 특정인과 가까워지려고 할 때면 늘 이 대화법을 쓴다. 그러면 비밀을 들은 상대는 자신이 특별히 대우받는 느낌을 받는다. 이와 함께 세상에 비밀을 알고 있는 사람은 당사자와 자신 단둘이라는 사실이 더욱 두 사람 사이의 결속력을 단단히 만든다.

비밀 공유 대화법은 제2차 세계대전 당시 스파이가 잡혔을 때 생존 기술로 사용되었다. 스파이가 심한 고문과 심문을 받을 때 이 대화법을 통해 위기를 모면할 수 있었다.

스파이는 고문관에게 이렇게 말했다.

"비밀 하나 말하지. 내가 스파이가 된 이유는 말이야…."

"지금부터 내가 하는 말은 아무에게도 하지 않는다고 약속해주세요. 그러면 내가 여기로 온 이유를 말하죠."

그러고 나서 비밀을 털어놓는다. 그러면 고문관은 스파이와 한 통속이 된 것 같은 기분이 든다. 동시에 스파이에 대한 친밀감을 갖게 된다. 이렇게 해서 고문관은 비밀을 매개로 더 이상 고문을 하지 않았다.

베테랑 정치인 또한 이를 잘 활용하고 있다. 정치부 기자는 정치인에 대한 특종 기사에 목말라 있다. 그래서 정치인을 남몰래 뒷조사하기도 한다. 이 때문에 베테랑 정치인은 정치부 기자 때문에 골머리를 앓게 된다.

따라서 베테랑 정치인은 비밀 공유 대화법을 이용해 정치부 기자를 자기편으로 만든다. 가령 이런 식이다.

"기자님, 이건 아무도 모르는 비밀인데 알려드릴까 합니다. 비밀 약속을 지켜주는 조건으로요."

그러면 정치부 기자의 귀는 솔깃해진다. 그리고 일단 비밀을 공유하고 나면 정치부 기자는 베테랑 정치인과 유대감을 형성하게 된다. 결국 정치부 기자는 함부로 그 정치인의 허물을 비판하는 기사를 쓰지 못한다. 비밀을 통해 정치인과 끈끈하게 이어졌기 때문이다.

직장인의 경우, 혈육처럼 결속력이 강한 동료를 만들어놓으면 직장 생활을 하는 데 매우 유용하다. 직장 생활을 하다 보면, 동료들끼리 크고 작은 경쟁을 하게 되는데 이때 동료에 대한 비난, 고자질이 자주 발생한다. 잘 나가는 동료를 마음 편하게 봐줄 수 없다.

한마디로 직장 생활은 정글과 같다. 내가 죽느냐 네가 죽느냐를 놓고 한판의 생존 경쟁이 펼쳐진다. 따라서 그 누구에게도 마음 편하게 속이야기를 하기 힘들다. 내 약점을 밝혔다가는 이를 이용당해 경쟁 대열에서 낙오되기 십상이기 때문이다.

바로 이때 필요한 게 비밀 공유 대화법이다. 각박한 직장 생활 속에서도 마음을 나눌 수 있는 동료가 있다면 큰 힘이 된다. 따라서 동료 가운데 오래 함께해도 좋을 듯한 대상을 찾아보자. 그러고 나서 그에게 다가가 이렇게 말하자.

"○○ 씨에게만 말할 게 있습니다."

"사실 아무에게도 말 못할 비밀이 있습니다."

그리고 나서 비밀을 털어놓으면 상대와 하나가 된다. 상대와 자신은 같은 배를 탄 운명 공동체처럼 된다. 단, 비밀은 사적이며 개인적인 것으로 한정하는 게 좋다. 회사 조직과 연관된 공적인 비밀은 오히려 상대에게 발목이 잡힐 수 있으니 삼가는 게 좋다.

> 각박한 직장 생활 속에서도 마음을 나눌 수 있는 동료가 있다면 큰 힘이 된다. 따라서 동료 가운데 오래 함께해도 좋을 듯한 대상을 찾아보자.

Point

비방보다 칭찬을 더 많이

칭찬도 많이 해본 사람이 잘한다

누군가로부터 칭찬을 받고 기분이 나쁠 사람이 있을까? 아마 그런 사람은 없을 것이다. 칭찬은 관계를 술술 풀리게 할 뿐만 아니라 상대로 하여금 흥이 나게 한다. 그래서 평소에는 잘하지 못한 일도 척척 해낸다. 칭찬은 돈 한 푼 들지 않지만 구성원의 소통과 단합 그리고 생산성을 높이는 큰 힘을 발휘한다.

그러면 직장인들이 회사에서 칭찬을 자주 하고 있을까? 아쉽게도 그렇지 않다. 2007년 취업 사이트 스카우트에 따르면, 직장인(55.85%)은 아침에 구성원에게 자신의 업무 능력에 대해 칭찬을 받으면 가장 기분 좋은 하루를 보낼 수 있다고 한다. 그런데 정작 하루 평균 직장은 칭찬을 많이 하지 않은 것으로 나타났다.

하루 평균 동료를 칭찬하는 횟수가 비방하는 횟수보다 많은 편이라고 답한 직장인은 17.25%이며, 칭찬도 비방도 하지 않는 직장인은 29.98%이다. 그리고 비방 횟수가 많은 직장인은 22.59%이다.

칭찬이 좋다는 걸 잘 알면서도 이렇듯 직장인들이 칭찬을 많이 하지 못하고 있다. 그 이유로는 여러 가지가 있겠지만, 대화법의 관점에서 볼 때 칭찬 요령을 모르기 때문이라고 본다. 어설프게 칭찬을 하면 그 효과를 기대할 수 없고, 또 영혼 없이 칭찬하느니 안 하느니만 못하다.

그러면 칭찬을 자주 하기 위해 습득해야 할 칭찬 요령 네 가지를 알아보자. 이 네 가지를 기억하여 매일같이 칭찬을 한다면 동료 사이에서 인기 많은 사람으로 바뀌게 될 것이다.

첫째, 상대의 장점을 구체적으로 찾는다. 칭찬하기를 어려워하는 사람들이 공통적으로 하소연하는 말이 상대에게서 칭찬할 게 없다는 것이다. 이는 잘못된 생각이다. 상대에 대해 애정 어린 관심을 갖지 않았기 때문에 상대에게서 칭찬거리를 찾지 못하는 것이다. 칭찬거리는 곧 상대의 장점이다. 상대에게 관심을 기울이다 보면, 남보다 더 나은 장점을 발견할 수 있다. 외모부터, 습관, 능력, 성품 등 여러 면에서 찾을 수 있다. 이 가운데 구체적으로 콕 집어내자.

둘째, 다양한 칭찬 표현을 익힌다. 직장 상사가 직원들에게 항상 "잘했어"라는 말로 칭찬을 하면 직원들은 식상해한다. 다양한 표현을 사용해야 칭찬받는 사람이 진심의 칭찬이라고 느낀다. 우선 "멋있어", "훌륭해", "최고야", "대단해" 등의 서술형이 있다. 이와 함께 "어떻게 해서 이런 성과를 냈나요?", "패션 감각이 뛰어난데 따로 배우셨나요?" 등의 질문형이 있다.

셋째, 많은 사람 앞에서 혹은 제삼자에게 소개하면서 칭찬한다. 혼자 칭찬을 받는 것도 좋지만 여러 사람 앞에서 칭찬을 들으면 그 효과가 배가된다. 많은 사람의 시선을 받으면 자신에 대한 자부심이 생기는 것과 함께 일에 대한 강력한 동기부여가 된다. 그리고 칭찬을 직접 하기 곤란한 경우에는 제삼자에게 소개하면서 칭찬할 수도 있다. 자연스레 소개를 하면서 칭찬을 하면 칭찬 받은 사람도 어색해하지 않고, 또 소개받은 사람은 상대에게 호감을 받을 수 있다.

넷째, 꾸준히 칭찬을 실천한다. 칭찬도 많이 해본 사람이 잘한다. 따라서 어떤 상황에서, 어떤 사람을 만나도 즉각 칭찬을 할 수 있도록 연습해야 한다. 이를 위해서 일상에서 칭찬하는 습관을 기르자.

칭찬을 자주 하기 위해 습득해야 할 칭찬 요령 네 가지는 다음과 같다. 첫째, 상대의 장점을 구체적으로 찾는다. 둘째, 다양한 칭찬 표현을 익힌다. 셋째, 많은 사람 앞에서 혹은 제삼자에게 소개하면서 칭찬한다. 넷째, 꾸준히 칭찬을 실천한다.

Point

호감도를 높여주는 실수 효과

다음부터는 좀 더듬거리는 게 어떻겠나?

"내 연설에 대해 평가를 내려주세요."

한 초선 의원이 당대 최고의 웅변가 링컨에게 다가가 말했다. 그는 갈고닦은 솜씨를 유감없이 발휘하여 유창하게 연설했다고 생각했다. 당연히 흠잡을 데가 하나도 없을 거라는 자신감도 들었다. 그런데 이게 웬걸, 링컨의 대답은 의외였다.

"이보게, 다음부터는 좀 더듬거리는 게 어떻겠나?"

이는 완벽하게 말을 하는 것보다 다소 서툴게 말하는 게 더 낫다는 뜻이다. 다른 사람도 아닌 세기의 연설가 링컨이 왜 이런 말을 했을까? 완벽하게 말을 하는 사람에게서는 인간미를 느낄 수 없기 때문이다. 이와 달리 조금 서툴게 말하는 사람에게서는 인간미가 느껴져서 호감 지수가 높아지기 때문이다.

이는 심리학의 실수 효과(Pratfall Effect)로 뒷받침할 수 있다. 미국의 심리학자 애런슨에 따르면, 유능한 사람이 완벽하게 보이는 것보다 허점이나 실수를 저지른 경우에 더욱 호감도가 높아진다고 한다. 실제로 실험에서 이를 입증했다.

그는 대학생들에게 '대학 퀴즈왕' 선발대회를 한다고 소개하면서 녹음테이프를 들려주었다. 퀴즈 참가자는 네 명이었다. 첫 번째 참가자는 정답률이 90% 이상의 상황을 녹음한 것이고, 두 번째 참가자는 정답률이 30% 정도의 상황을 녹음한 것이다. 세 번째, 네 번째 참가자는 첫 번째와 두 번째와 각각 같은 상황이지만 녹음 말미에 커피를 엎질렀다는 말이 더해졌다.

이 녹음테이프를 다 들려준 후 학생에게 말했다.

"네 명 중에서 가장 호감도가 높은 사람은 누구입니까?"

그러자 학생들은 한 목소리로 답했다.

"세 번째 퀴즈 참가자입니다."

이는 퀴즈를 푸는 능력만 뛰어난 첫 번째 참가자보다는 그만큼 능력이 있지만 커피를 엎지른 허점을 보인 세 번째 참가자에게서 호감을 느꼈다는 말이다. 허점과 실수를 저지른 사람에게 호감을 느끼는 이유는 세 가지를 들 수 있다. 첫째, 실수나 결점을 보이는 사람은 우리로 하여금 우월감을 들게 하기 때문이다. 둘째, 결점을 드러낸 사람은 진솔하고 인간미가 느껴지기 때문이다. 셋째, 허점을 드러낸 사람에게는 경계심을 풀고 자신의 결점을 털어놓을 수 있기 때문이다.

직장 동료도 그렇다. 제일 실력이 있고 또 매사에 빈틈 하나 없는 동료보다는 그만큼 실력이 있지만 간혹 사소한 실수를 저지르는 동료에게서 더 호감을 느낀다. 동료들에게 호감을 얻고 관계를 잘 이끌고 싶다면 이를 잘 기억해둬야 한다.

따라서 동료와 대화를 할 때, 회의를 할 때 지나치게 완벽주의를 추구할 필요가 없다. 가령 실력이 월등히 뛰어난 직장인이 동료와 대화를 할 때는 이렇게 하자.

"내가 겉보기에는 어떨지 몰라도 길치에다가 밤눈도 어둡고 그래요."

실력이 너무 뛰어나 동료를 사귀기가 힘들다면 이렇게 말하자.

"운 좋게 인사고과에서 1등을 했네요. 하지만 전 운전면허 시험에 10번이나 떨어졌답니다."

이 말을 들은 동료는 마음이 편해진다. '아, 저 친구 완벽할 줄 알았는데 허점이 있었구나' 하고 호감을 느끼게 된다.

유능한 직원이 회의를 할 때는 이렇게 말할 수 있다.

"이번 프로젝트의 필승 전략을 다 말씀드렸습니다. 참고로 저는 프로젝트를 매번 성공시키지는 못했습니다. 실패한 경우도 적지 않습니다."
"오늘따라 긴장되어 그런지 떨리네요. 잘하려고 하면 할수록 더 긴장이 되네요."

그러면 그 직원이 너무 잘나서 비호감으로 찍었던 동료들이 반색하면서 언제 그랬냐는 듯 그를 좋아하게 된다.

제일 실력이 있고 또 매사에 빈틈 하나 없는 동료보다는 그만큼 실력이 있지만 간혹 사소한 실수를 저지르는 동료에게 더 호감을 느낀다. 동료들에게 호감을 얻고 관계를 잘 이끌고 싶다면 이를 잘 기억해둬야 한다.

Point

유머 감각을 길러라

돈 한 푼 안 들이고 스트레스를 치료해주는 것

직장 생활에 유머가 도움이 될까? 그렇지 않을까? 2005년 취업포털 사람인이 직장인 500명을 대상으로 설문 조사한 결과, 직장인 10중 8명은 유머 감각이 직장 생활의 성공에 도움이 된다고 한다. 이와 함께 실제로 26.3%의 직장인들이 실력이 떨어지지만 유머 감각으로 과대평가를 받는 직장인이 있다고 답했다.

이처럼 직장 생활에서 유머는 또 하나의 능력이라고 볼 수 있다. 그런데 정작 직장인들은 유머 감각을 기르는 데 크게 신경을 쓰지 않고 있다. 어느 정도의 유머 감각을 가지고 있느냐는 질문에 이런 답이 나왔다.

- 평균 정도는 된다(44%)
- 다소 떨어진다(24.2%)
- 꽤 있는 편이다(21.4%)
- 형편없다(5.4%)
- 매우 뛰어나다(5%)

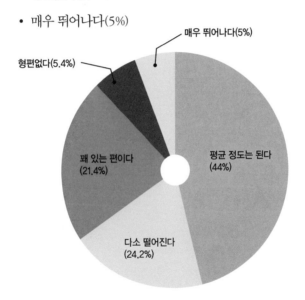

이를 보면, 대다수 직장인은 유머 감각이 많지 않음을 알 수 있다. 늘 긴장하면서 생활해야 하는 직장 문화의 특성을 감안하더

라도, 유머가 가진 장점을 안다면 유머 감각을 기르는 데 소홀히 할 수 없을 것이다.

유머에는 두 가지 장점이 있다. 우선 유머는 돈 한 푼 안 들이고 스트레스를 치료해준다. 직장 생활 중에 업무와 인간관계 문제로 스트레스를 받을 때 유머를 통해 해소할 수 있다. 다음으로 유머는 인간관계를 화기애애하게 만듦으로써 결속력을 높여준다. 유머 감각이 뛰어난 사람 주위에는 항상 사람들로 북적일 뿐만 아니라 조직에 대한 만족도가 높다.

그래서 유머의 효능을 알아본 사람들이 이렇게 명언을 남겨놓았다.

유머는 오직 인간만이 가질 수 있는 신성한 능력이다.
_구스타프 칼 융

유머는 각 사람에게 주어진 특징의 귀중성을 인정하는 것이다.
_로맹 가리

유머는 기분이 아니라 세계관이다.

_테야르 드샤르댕

무조건 웃어라. 웃음은 모든 것을 긍정적으로 바꾸어놓는다.

_틱낫한

웃음은 의사들에게 지불해야 할 돈을 줄이는 것이기 때문에 우리의 호주머니에 있는 돈과 같다.

_마크 트웨인

　직장 동료 사이에는 늘 보이지 않는 경쟁 심리가 작용한다. 한 사람이 앞서가면 한 사람은 낙오되기 마련이다. 그렇지만 긴장과 경쟁의 분위기에 마냥 휩쓸려갈 필요가 없다. 여유 넘치는 유머 감각으로 동료와의 서먹서먹한 분위기를 화기애애한 분위기로 바꾸는 게 좋다. 직장 동료와 친밀한 관계를 유지하기 위해서는 기회가 있을 때마다 유머를 발휘하자. 유머를 잘 활용하기 위해서는 다음 네 가지를 참고하자.

첫째. 자신을 소재로 한 유머를 구사하자. 책이나 예능 프로그램에서 나온 그대로 유머를 구사하면 식상하다. 좀 더 실감나게 유머를 하려면 망가질 각오를 하고 자신의 경험을 소재로 하자.

둘째. 듣는 사람의 성향에 맞추라. 여성이나 교사 앞에서 성적인 유머는 금물이다. 이처럼 상대에 대한 배려가 있어야 유머 효과가 극대화된다.

셋째. 자기가 먼저 웃으면 안 된다. 초보 유머꾼이 자주 실수하는 게 자기가 먼저 웃는 것이다. 자신도 모르게 유머를 하면서 웃는다면 상대는 웃을 의욕이 확 달아나버린다.

넷째. 쉬운 말로 간결하게 하라. 어려운 말투로, 복잡하게 이야기하면 아무리 재밌는 이야기도 전달력이 약해진다. 알아듣기 쉬운 말로 짧게, 순발력 있게 전달해야 한다.

직장 생활에서 유머는 또 하나의 능력이라고 볼 수 있다. 그런데 정작 직장인들은 유머 감각을 기르는 데 크게 신경을 쓰지 않고 있다.

Point

동료와 매너 있게 회의하기

회의가 시간 낭비가 되지 않으려면?

직장에서는 거의 매주 회의가 열린다. 직장인들은 매주 평균 2.2회 정도 회의에 참석한다고 한다. 영업직이 회의를 가장 많이 하고, 그 뒤를 사무직과 전문직이 잇는다. 꼭 필요한 회의가 있겠지만 그렇지 않은 회의도 있는 듯하다. 실제로 회의를 시간 낭비라고 보는 직장인이 많다. 그 이유가 뭘까?

여러 가지 원인이 있다. 그 가운데에서도 빠뜨릴 수 없는 게 회의 시 잘못된 태도다. 상당수 회의가 참가자의 적절하지 않는 태도로 인해 소모적으로 변하고 있는 게 현실이다. 회의에는 상사와 동료, 부하 직원이 함께 참석한다.

여기에서 중요한 위치에 있는 건 동료다. 동료 사이에는 편하게 의사가 개진될 수 있는데 이때 매너 있는 태도가 필요하다. 평소 동료의 말을 잘 귀담아 듣지 않는 직원은 회의 시에도 이렇게 나올 가능성이 높다.

"됐어, 됐다고."

평소, 동료와 늘 신경전을 벌이는 직원 역시 그렇다. 회의 시에 이렇게 나온다.

"정말 어이가 없네. 그게 뭔 소리입니까!"

이런 태도를 보인다면 정말 회의는 아무 쓸모없는 시간이 될 가능성이 높다. 2017년 잡코리아의 설문 조사에 따르면, 직장인들이 회의할 때 가장 꺼려하는 동료는 다음과 같다.

- 1위: 자기가 낸 의견과 아이디어, 결론만이 정답이라 믿고 우기는 답정너형(61.96%)
- 2위: 한 얘기를 반복해서 말하는 중언부언형(45.3%)
- 3위: 회의 주제를 자꾸 벗어나 논점을 흐리는 샛길형(33.8%)
- 4위: 타인의 의견에 감정적으로 대응하는 감정발산형(26.7%)

- 5위: 남 얘기하듯 아무 관심 없이 자리만 채우다 가는 남이
  사형(25.9%)
- 6위: 회의 다 끝나고 엉뚱한 말 하는 딴말형(21.7%)

이런 동료로 인해 회의가 낭비되지 않으려면 회의의 올바른 요
령을 알아둬야 한다. 직장인이 꼭 숙지해야 할 회의 요령 네 가지
는 다음과 같다.

첫째, 동료 의견을 존중하라. 한번 입을 열었다 하면 끝없이 말을 늘어놓는 동료가 있다. 이런 동료로 인해 회의가 비생산적으로 흐를 수 있다. 따라서 절대 발언권을 독점하지 말아야 한다. 기본적으로 다른 동료의 의견을 경청하는 자세를 갖는 게 필요하다.

둘째, 요점을 정확히 말하라. 말하기 전에 머릿속으로 정리하지 않으면, 듣는 사람이 무슨 말인지 통 감을 잡지 못한다. 따라서 말의 내용을 첫째, 둘째, 셋째식으로 넘버링을 하는 게 좋다. 그러면 듣는 이가 쏙쏙 이해할 수 있다.

셋째, 논점에서 이탈하지 말라. 회의의 주제와 상관없는 이야기를 해서 회의 분위기를 망치는 일이 있다. 뒤풀이 이야기, 어제 소개팅 이야기, 옷차림 이야기, 개인 신상 이야기 등을 꺼내거나 발표를 할 때 논점에 집중하지 않으면 주제와 상관없는 이야기로 빠지는 일이 심심치 않게 발생하는데, 이를 예방하려면 발표 내용을 간단히 메모해 그것을 보면서 말하는 게 좋다.

넷째, 감정에 휘둘리지 말라. 회의는 인신공격을 하는 자리가

첫째, 동료 의견을 존중하라
둘째, 요점을 정확히 말하라
셋째, 논점에서 이탈하지 말라
넷째, 감정에 휘둘리지 말라

아니다. 자유롭게 의견이 개진되는 가운데 우수한 의견이 채택이 되는 자리다. 그런데 자신의 의견이 주목받지 못한다고 해서 감정이 격해져서는 곤란하다. 또한 자신의 의견을 주장하기 위해, 다른 동료를 감정적으로 공격하는 일이 생겨서는 안 된다.

회의가 시간 낭비가 되지 않으려면 회의 시 잘못된 태도를 고쳐야 한다. 상당수 회의가 참가자의 적절하지 않는 태도로 인해 소모적으로 변하고 있는 게 현실이다.

Point

4장

상사를 내 편으로 만드는 대화법

상사 유형에 따른 대화법

내 상사는 어떤 유형일까

"상사와 잘 통하지 않아서 힘듭니다."

한 직장인이 고민을 토로했다. 갑질 상사 때문에 문제가 생긴 듯했다.

"그 상사는 어떤 갑질 유형인가요?"

갑질 상사의 대표적인 유형은 여섯 가지다. 본인의 기분에 따라 좌지우지하는 '기분파'형, 자신의 업무에 대한 책임을 회피하는 '미꾸라지'형, 이랬다 저랬다 말 바꾸는 '변덕쟁이'형, 사사건건 감시하고 지적하는 '지적'형, 상사의 명령이나 의견에 무조건 맞추는 '예스맨'형, 나와 코드가 맞으면 예스(Yes), 아니면 노(No)인

'사내정치 조장'형이다. 정말 이런 유형의 갑질 상사와는 함께 일을 하기 힘들다.

그런데 그 직장인은 의외의 답을 내놓았다.

"갑질 상사 유형이 아니에요. 그 상사는 그저 평범한데 이상하게 저하고만 잘 안 맞더라고요."

이상한 일이 아닌가? 갑질 상사가 아닌데도 어째서 그 직장인과 사사건건 부딪힐까? 그 직장인에게 문제가 있는 걸까? 이 역시 잠깐 동안 상담을 해본 결과, 그렇지 않았다. 그 직장인 역시 평범한 직장인 유형이었다. 그렇다면 문제가 뭘까? 원인이 무엇인지를 짐작할 수 있었다. 그 직장인에게 이렇게 말했다.

"선생님에게도, 직장 상사에게도 문제가 있는 건 아닙니다. 문제는 서로 성격 유형이 맞지 않는다는 데 있습니다. 따라서 선생님이 상사의 성격 유형을 잘 파악해 그에 맞추어 대화를 해야 합니다."

행동 유형 모델 DISC에 따르면 모든 직장인의 성격 유형은 네가지다. 마찬가지로 직장 상사의 성격 유형은 네 가지다. 주도형, 사교형, 안정형, 신중형이다. 순서대로 각 유형의 상사와의 대화법을 알아보자.

주도형 Dominance 상사 〉 자아가 강하고 목표 지향적이며, 도전에 의해 동기부여가 된다. 통제권을 상실하거나 이용당하는 것을 싫어한다. 말하기를 즐기며, 성과를 얻기 위해 말한다. 무엇(What)에 초점을 둔다. '미생'의 오 차장이 이 유형인데, 매우 업적 지향적이다.

이런 주도형 상사와의 대화 요령은 이렇다.

1. 대화의 소재를 업무에 두라
2. 결론(성과)을 중점적으로 말하라
3. 말을 잘 들어주라

사교형 Influence 상사 〉 낙관적이고 사람 지향적이며, 사회적 인정에 의해 동기부여가 된다. 사람들로부터 배척받는 것을 꺼려하며 강압적 분위기에서 일을 잘 못한다. 말하기를 즐기며, 인정을 받기 위해 말한다. 누구(Who)에 초점을 둔다. 이 유형은 사람과 함께 어울리는 것을 추구하며 아이디어를 중시한다.

이런 사교형 상사와의 대화 요령은 이렇다.

1. 업무 외의 소재로 대화를 하라

2. 공적인 자리보다 사적인 자리를 자주 가져라

3. 톡톡 튀는 재치 있는 언변을 구사하라

안정형 Steadiness **상사** 정해진 방식으로 일하고 팀 지향적이며, 현재 상태를 안정적으로 유지하는 것에 의해 동기부여가 된다. 안정성을 상실하는 것과 변화를 꺼려한다. 강압적인 분위기에서 남을 위해 자신을 양보한다. 듣기를 즐기며, 이해를 하기 위해 듣는다. 방법(How)에 초점을 둔다. 이 유형은 남의 말을 잘 경청하며, 갈등을 싫어한다.

이런 안정형 상사와의 대화 요령은 이렇다.

1. 대화의 소재를 방법에 두라

2. 경청하는 것에 대해 칭찬하라

3. 의견 대립 상황을 회피하라

신중형 Conscientiousness **상사** 세부적인 사항에 주의를 기울이고, 분석적이며 과업 지향적이다. 정확성과 양질을 요구하는 것에 의해 동기부여가 된다. 자신이 수행하는 일을 비판당하는 것을 꺼려하며, 강압적인 분위기에 비판적이다. 듣기를 즐기며, 분석을 하기 위해 듣는다. 이유(Why)에 초점을 둔다. 안철수 의원이 이 유형인데, 매사에 돌다리도 두드려 건너듯 신중하다.

이런 신중형 상사와의 대화 요령은 이렇다.

1. 정확한 데이터, 근거를 대라
2. 부정적인 평가를 하지말라
3. 말로 끝나지 말고 서면 보고를 하라

Point

직장 상사의 성격 유형은 네 가지다. 주도형, 사교형, 안정형, 신중형이다.

현명하게 거절하는 요령

상사의 부탁에 무조건 예스를 해야 할까

"상사의 부탁을 거절하기 힘들어요."

"상사의 부탁은 무조건 예스를 해야죠?"

이렇듯 직장 상사의 부탁을 거절하지 못하거나, 상사에게 잘 보이기 위해선 어떤 부탁이든 들어줘야 한다고 생각하는 분들이 많다. 과거 수직적 직장 문화에서는 상사의 요구에 대한 거절은 금기에 가까웠지만, 지금은 상황이 많이 달라졌다.

직원의 무조건적인 예스(Yes)는 그 자신은 물론, 직장 상사에게도 결코 도움이 되지 않는다는 인식이 생겼기 때문이다. 가령 상사가 무리한 업무 진행을 직원에게 요구했다고 하자. 직원은 역량 면에서 감당하기 힘들다. 이때 과거에는 울며 겨자 먹기 식으로 되든 안 되든 요구를 받아들여야 했다. 그렇게 해서 성과가 나면 좋지만 좋은 성과가 나오기 힘든 게 사실이다.

따라서 직원이 솔직하게 상사의 요구에 거절하는 게 나을 수 있다.

"저는 그 업무에 맞지 않아서 못합니다."

이렇게 분명하게 거절하면, 상사는 다른 대안을 찾을 수 있다. 이렇게 해서 실질적인 업무의 성과를 낼 수 있다. 실제로 요즘의 성공한 리더는 조직원으로 예스맨을 두기보다는 과감하게 노(No)라고 말할 줄 아는 직원을 선호하고 있다. 《리더는 어떻게 성장하는가》의 저자 맨프레드 케츠 드 브리스 교수는 말한다.

강한 카리스마를 지닌 우두머리 수컷(alpha male) 타입의 리더는 위기 상황에 잘 대처하고 단기간 성과를 내는 데 효과적이지만, 결국 주변에 그의 주장에 맞장구 쳐주는 예스맨만 남을 위험이 크다. 지금은 너무나 변화가 심해 한 사람의 재능으로 시대를 버텨낼 수 없는 지경에 이르렀기에, 예스맨들을 이끄는 리더가 아니라 조직원의 여러 의견을 듣고 조합할 줄 아는 공감형 리더의 능력이 더 필요한 때이다.

직장에서 상사가 직원에게 하는 요구나 부탁은 다양하다. 업무도 있지만 회식이나 사적인 일도 있다. 직위가 낮은 직원은 상사가 설령 업무와 상관없는 일을 부탁하더라도 쉽게 거절하기가 힘들다. 거절을 했다가 밉상으로 찍힐까 봐 우려되기 때문이다.

이때 필요한 게 현명하게 거절하는 요령이다. 상사의 감정을 해치지 않으면서도 효과적으로 거절하는 요령은 다음과 같다.

첫째, 신속하게 거절하라. 마음이 약한 나머지 단칼에 거절하지 못하는 게 현실이다. 그래서 우물쭈물하다가는 거절을 하지 못하게 된다. 따라서 무리한 요구와 부탁을 들어줄 수 없다고 생각될 때는 그 즉시 거절 표시를 하는 게 좋다. 절대 "생각할 시간을 주십시오"라는 식으로 뜸을 들이면 안 된다.

둘째, 자신에게 부탁을 한 상사에게 "저를 생각해주셔서 감사합니다"라고 감사 표시를 하라. 자신에게 부탁을 했다는 건 자신을 신뢰하고 주목하고 있다는 증표다. 그러므로 이에 대해 고마움

직접 도와줄 수 없지만 그 대신 자료를 빌려드릴 수 있습니다.

으로 표시하라.

셋째, 거절할 수밖에 없는 충분한 이유를 대라. 거절을 했으면 그 이유를 충분히 알려줘라. 시간이 부족하다든지, 역량이 부족하다든지 그 이유를 자세히 설명해줘라. 그래야 상대가 거절을 납득할 수 있다.

넷째, 애정 있게 배려하는 말을 하라. 거절로 인해 상사가 무안당하지 않게 배려한다. 이때 "죄송합니다", "안 됐습니다"라고 말을 해주면 상사는 불편한 감정이 풀리게 된다.

다섯째, 가능하면 대안을 제시하라. 거절하지만 대안을 제시하는 게 좋다. 그러면 상대는 거절당했지만 결국 대안을 통해 문제를 해결할 수 있다. 예를 들면 이렇다.

"직접 도와줄 수 없지만 그 대신 자료를 빌려드릴 수 있습니다."

"저는 시간이 안 돼서 못하지만 다른 동료를 추천해드릴 수 있습니다."

"이번 달에는 안 됩니다. 하지만 다음 달에는 해드릴 수 있습니다."

직장에서 상사가 직원에게 하는 요구나 부탁은 다양하다. 직위가 낮은 직원은 상사가 설령 업무와 상관없는 일을 부탁하더라도 쉽게 거절하기가 힘들다. 이때 필요한 게 현명하게 거절하는 요령이다.

Point

돋보이는 보고 요령

보고를 잘하면 상사에게 인정받을 수 있다

회사에서는 일상적 대화만큼이나 구두 보고가 수시로 이루어진다. 정해진 형식을 갖춘 문서 보고와 달리 구두 보고는 시간과 장소에 제약이 없다. 필요할 때마다 상사에게 즉시 순발력 있게, 요령껏 해야 하는 게 구두 보고다. 구두 보고를 잘하면 그만큼 상사에게 인정을 받지만 구두 보고를 잘하지 못하면 상사로부터 나쁜 평가를 받는다.

통상적으로 구두 보고를 해야 할 때는 다음과 같다.

- 일상 업무의 진행 사항을 전할 때

- 긴급한 용무일 때
- 업무 수행 중에 차질이 생겼을 때
- 다른 부서에 연락이나 보고를 할 때
- 외출 중에 급한 일이 생겼을 때

이런 경우에 신속하고 정확하며 간결하게 보고해야 한다. 그런데 몇몇은 구두 보고 요령을 숙지하지 못한 채 상사가 혼동을 일으킬 수 있는 보고를 하는 일이 있다. 대표적으로 다음과 같다.

A: "제 생각에는 이번 마케팅 전략은 경제 전반의 위축에 따라 수정하는 게 좋다고 봅니다. 왜냐하면…."

B: "현재 L사는 스타 배우 C양을 광고에 기용하고 있습니다. TV, 신문은 물론 온라인에서 대대적으로 홍보를 펼쳐서 10대 중심으로 반응이 매우 뜨겁습니다. 그래서 L사의 핸드폰이 매출에 큰 영향을 미쳤는데…."

A는 자기 생각을 피력하고 있어서 잘못이다. 직장 상사는 부하 직원의 개인적 견해를 알고 싶어서 보고를 받는 게 아니다. 객관

적인 사실을 알고 싶어 한다. B는 한가하게 말을 늘어놓고 있어서 잘못이다. 미리 준비를 했다면 긴 사설이 늘어뜨릴 일이 없을 것이다. 직장 상사는 보고를 받는 즉시 핵심을 전달받고 싶어 한다. 따라서 서두에 결론을 먼저 전달하는 게 좋다.

상사로부터 인정받는 구두 보고를 하는 요령은 네 가지다.

첫째, 결론을 먼저 말하라. 상사는 진행되는 일의 결과를 알고 싶어 하기 때문에 장황한 경과와 사유는 나중에 말하는 게 좋다. 이때 육하원칙에 따라 보고를 하면 상사가 핵심을 확실하게 이해할 수 있다.

둘째, 객관적인 사실을 말하라. 보고의 기본 원칙은 객관적인 사실을 전달하는 데 있다. 개인적인 견해, 주장이 보고에 끼어들어서는 곤란하다. 상사는 보고를 통해 어떤 사안에 대한 객관적인 정보를 얻고자 하기 때문에, 보고에 개인적인 견해가 들어가면 상사가 판단을 흐리게 된다.

셋째, 타이밍이 생명이다. 보고는 좋은 내용을 다루기도 하지만 나쁜 내용을 다루기도 한다. 이때 좋은 내용의 보고는 실수로 다

| 상사로부터 인정받는 구두 보고 요령 |

소 늦어져도 상사가 크게 문제 삼지 않을 수 있다. 하지만 나쁜 내용을 담은 보고를 늦게 할 경우 상사가 크게 격분할 수 있음을 유념하자.

넷째, 시간이 걸리거나 변수가 생길 때 중간보고를 하라. 지시

받은 업무가 수개월에 걸쳐서 진행될 경우, 업무가 진행되는 도중에 하는 게 좋다. 상사가 진행 사항을 파악할 수 있도록 해야 한다. 이와 함께 착오가 생기거나, 업무 진행이 어렵거나, 진행 상황이 바뀔 경우에도 중간보고를 해야 한다. 그래야 상사가 신속하게 대처할 수 있다.

Point

필요할 때마다 상사에게 즉시 순발력 있게, 요령껏 해야 하는 게 구두 보고다. 구두 보고를 잘하면 그만큼 상사에게 인정을 받지만 구두 보고를 잘하지 못하면 상사로부터 나쁜 평가를 받는다.

상사에게 공을 돌려라

가장 중요한 임무는 상사를 돋보이게 하는 일이다

"이번 프로젝트는 내가 성공시켰거든
요. 근데 부장이 자기가 한 것처럼 공을 가로챘어요."

직장인과 상담할 때, 흔히 나오는 푸념이다. 직장인이 프로젝트
성공을 위해 온몸을 바쳐서 일해야 하는 건 어느 직장에서나 당
연한 일이다. 그런데 막상 큰 성과를 냈을 때, 그 공이 당사자에게
가는 게 아니라 상사에게 가는 일이 비일비재하다. 그래서 직장인
은 허탈감에 빠지는 일이 종종 있다.

그런데 곰곰이 따져보자. 부하 직원이 성과를 내는 데 상사는
뒷짐을 진 채로 나 몰라라 하기만 할까? 상사는 부하 직원이 최대

한 역량을 발휘해 성과를 내도록 지휘하고 감독하는 위치에 있다. 현장에서 직접 일에 부딪혀 성과를 낸 건 부하 직원일지 모르지만 그런 결과가 나오기까지 상사의 신중한 판단과 결정이 있다. 밑에서 보면, 상사가 한 일이 적어 보일 뿐이다.

따라서 직장에서 상사로부터 신임을 받고 큰일을 맡고자 한다면 생각을 바꿀 필요가 있다. 내 자신이 거의 다 일을 해서 공을 세웠더라도 내 위에 있는 상사의 면목을 세워줘야 한다. 신시아 샤피로의 《회사가 당신에게 알려주는 않는 50가지 비밀》에 이런 말이 나온다.

당신의 가장 중요한 임무는 상사를 돋보이게 하는 일이다. 상사를 돋보이게 할수록 당신은 회사가 아끼는 직원이 된다. 그는 밀실 회의에서 당신을 칭찬하고 구조조정에서 보호한다. 당신을 팀의 협력자이자 자산으로 여겨 보상한다. 이 말이 모두 편애에 가깝게 들린다면, 맞다.

임진왜란 때 조선을 도우러 온 명나라 군대 지휘관 진린은 갈팡질팡하고 있었다. 거의 패망 직전의 조선을 구하느라 명나라 군사가 희생해야 할 것인지 의문을 품었다. 그런 진린에게 왜적이 온

팀장님이 계셔서
이런 성과를
이룰 수 있었습니다.

갖 수단을 다 동원해 회유했다.

"굳이 남의 나라에 와서 피를 흘릴 필요가 있겠습니까?"

이때 이순신 장군의 처세가 돋보였다. 이순신은 수많은 전승을 거두고 있었다. 명나라 군대 지휘관 진린에게 가장 필요한 게 명분과 공임을 알아차렸다. 그래서 이순신은 명분과 공을 진린에게 돌렸다. 이와 함께 전리품과 적의 수급을 그에게 보냈다. 이렇게 해서 왜적을 격파하는 데 명나라 군대의 협조를 얻을 수 있었다.

만약 이순신이 자신의 혁혁한 공을 독차지했으면 어떻게 됐을까? 불을 보듯 뻔하다. 초라해진 명나라 군대의 지휘관 진린은 조선을 위해 추호의 협조도 하지 않았을 것이다. 하지만 이순신이 지혜롭게 대국 명나라의 지휘관에게 공을 넘김으로써 그의 협조를 끌어낼 수 있었다.

직장에서도 이와 마찬가지다. 출중한 성과를 내는 직원이 있다면 반드시 기억해야 할 게 있다. 그 직원 때문에 상사가 그늘지게 된다는 점이다. 다른 상사 그리고 임원까지 그 직원을 인정하고 치켜세운다고 해서 그대로 있어서는 곤란하다. 이때 자신에게 쏟아지는 스포트라이트를 상사에게 향하도록 하고, 공을 상사에게 돌려야 한다.

만약 임원이 큰 공을 거둔 직원을 치켜세운다고 하자.

"이번에 자네가 거둔 성과 정말 대단해. 자네 같은 직원만 있으면 걱정이 없겠네."

이때는 이렇게 말해야 한다.

"감사합니다. 이번 성과는 팀장이 저의 아이디어를 채택해준 덕에 나오게 되었습니다. 팀장이 없었으면 이번 성과가 나오기 힘들지 모릅니다. 모든 공은 저의 팀장에게 돌립니다."

상사에게 인정받고 중책을 맡는 직원은 결코 자신의 공을 부각시키지 않는다. 필요하다면 거의 모든 성과와 공을 상사에 돌린다. 그 대신 자신은 실수와 과오만을 뒤집어쓴다.

Point

직장에서 상사로부터 신임을 받고 큰일을 맡고자 한다면 생각을 바꿀 필요가 있다. 내 자신이 거의 다 일을 해서 공을 세웠더라도 내 위에 있는 상사의 면목을 세워줘야 한다.

프레젠테이션은 스티브 잡스처럼

스티브 잡스를 벤치마킹하라

"프레젠테이션을 해야 하는데 좋은 노하우 있을까요?" 회사에서 업무를 잘하지만 여러 사람 앞에서 발표를 하는 데 익숙하지 않은 직장인이 적지 않다. 이제는 프레젠테이션을 잘하는 것만으로도 능력 있는 직장인으로 인정받는 시대다. 일부 직장인이 회사 생활하는 데 발표 능력을 부수적인 요소로 생각하는데 큰 오해가 아닐 수 없다.

세기의 명프리젠터 스티브 잡스를 떠올려보라. 과연 그는 어떻게 해서 전 세계인으로 하여금 아이폰 시리즈에 열광하게 만들었을까? 아이폰의 뛰어난 성능, 디자인의 영향도 물론 있다. 이것 못지않게 큰 영향을 끼친 게 바로 그의 쇼 공연 같은 탁월한 발표다. 새로운 아이폰 시리즈가 나올 때마다 전 세계인이 그의 발표에 매료되었다고 그들이 아이폰 매장 앞에 줄 서게 만들었다.

스티브 잡스가 그런 것처럼, 직장인은 회사에서 자신의 발표에 상사들이 열광하게 만들어야 한다. 직장인에게 프레젠테이션은 자신을 상사에게 잘 어필할 수 있는 좋은 기회다. 자신의 역량을 잘 포장하여 보여줌으로써 몸값을 최고로 올릴 수 있다.

그렇다면 어떻게 프레젠테이션을 하면 상사에게 인정받을 수 있을까? 간단하다. 스티브 잡스의 프레젠테이션을 벤치마킹하면 된다. 스티브 잡스의 프레젠테이션의 노하우는 열 가지로 소개되어 있다. 다음과 같다.

1. 화제를 제시하라

2. 열정을 표출하라

3. 윤곽을 보여줘라

4. 숫자를 의미 있게 활용하라

5. 잊지 못할 순간을 선사하라

6. 시각적 자료를 극대화하라

7. 쇼를 보여주라

8. 작은 실수는 잊어라

9. 장점을 팔라

10. 연습만이 살 길이다

이 가운데 초심자로서는 감히 시도하기 어려운 것도 있다. 실천 가능한 것 위주로 참고하자. 그러고 나서 차차 실력이 쌓이면 나머지 노하우를 섭렵하고 실전에서 활용하는 게 좋다. 초심자가 꼭 숙지해야 하는 건 다음 여섯 가지다.

첫째, 윤곽을 보여줘라. 본론에 들어가기에 앞서 본론의 틀을 소개해야 한다. 본론의 콘텐츠가 다섯 가지로 되어 있다면, 본론은 다섯 가지라고 미리 언급하자. 가령 이런 식으로 하면 된다. "지금부터 발표하는 내용은 다섯 가지입니다." 이는 매우 중요하다. 이것을 빠뜨리면 청중은 잘 집중하지 못하여 발표 내용을 제대로 정리하지 못한다.

둘째, 숫자를 의미 있게 활용하라. 나온 숫자를 그대로 보여주는 건 아무 의미가 없다. 이 숫자에 생명을 불어넣은 방법이 있다. 예를 들면 "아이스크림이 연 400만 개 팔립니다"는 표현은 숫자

| 초심자가 꼭 숙지해야 하는 프레젠테이션 방법 |

가 죽은 것이나 다름없다. 이렇게 고치면 숫자가 확 살아난다. "아이스크림이 하루에 평균 2만 개꼴로 팔립니다." 하루로 좁혀서 판매 수치를 말하기 때문에 판매량이 실제보다 더 많은 것처럼 느껴진다.

셋째, 시각적 자료를 극대화하라. PPT는 간결한 이미지가 생명이다. 그 외 부가적인 설명은 발표자가 전달하는 것으로 족하다. 욕심을 부린답시고 장황한 설명을 PPT에 추가하면 지루해지기 때문에 집중도가 떨어진다.

넷째, 작은 실수는 잊어라. 프로도 실수를 하지만 능숙하게 처리한다. 초심자는 실수를 자주 하기 마련인데 이에 대한 대처 능력을 갖추어야 한다. 이런 능력은 단번에 얻을 수 없고, 실전 경험을 많이 쌓아야 기를 수 있다.

다섯째, 장점을 팔라. 모든 발표는 결국 설득에 있다. 따라서 설득이라는 목표를 달성하기 위해선 발표 콘텐츠의 장점을 부각시켜야 한다. 단, 사실에 위배되어서는 안 된다. 팩트에 근거해 단점을 가리고 장점을 내세울 때 강력한 설득력을 발휘할 수 있다.

여섯째, 연습만이 살 길이다. 스티브 잡스의 뛰어난 프레젠이션도 수없는 연습을 통해 만들어졌다. 따라서 일반 직장인은 말할 필요도 없다. 되풀이해서 리허설을 해야만 최고의 프리젠터로 기듭날 수 있다.

직장인에게 프레젠테이션은 자신을 상사에게 잘 어필할 수 있는 좋은 기회다. 자신의 역량을 잘 포장하여 보여줌으로써 몸값을 최고로 올릴 수 있다.

Point

실수했을 때 대처 화법

실수를 하지 않는 것보다 실수를 대하는 유연한 태도가 중요하다

　　　　　　직장에 다니다 보면 의외로 실수를 많이 한다. 직장인이 자주 범하는 실수는 두 가지다. 업무 실수와 말실수. 업무 실수의 경우, 능력 부족으로 생기기도 있지만 과욕으로 인해 종종 생긴다. 말실수는 뒷담화, 잘못된 단어 사용 등으로 인해 자주 생긴다.

　회사에서 중요한 건 업무상의 실수다. 이 때문에 실수를 적절하게 대처하는 자세가 요구된다. 누구나 실수한다는 점을 기억하고 실수에 지나치게 당황하지 말아야 한다. 역량 부족, 과욕으로 업무 실수를 자주 하는 것도 문제지만 그것 못지않게 실수에 과민

하게 반응하는 태도도 문제다.

금융 회사에 다니는 직장인 K씨는 학사장교 출신이다. 그는 업무면 업무, 품행이면 품행, 어디 하나 흠잡을 데 없었다. 그는 회사에 수석 입사를 한 재원으로, 하는 일마다 최고의 성과를 냈다. 그런데 그가 우연히 사소한 업무 실수를 범하고 말았다. 그런데 차일피일 실수를 만회해보려고 하다가 일이 더 악화되고 말았다.

그에게는 실수를 대하는 유연한 태도가 부족했다. 회사에서 인정받는 직원으로서 조금의 실수도 용납하지 못하는 마음이 일을 그르치게 했다.

모름지기 실수가 생길 수 있다는 편한 마음의 자세를 갖는 게 중요하다. 이와 함께 실수했을 때 적절하게 대처하는 요령을 습득하는 게 필요하다. 이를 통해 실수를 만회하는 것과 함께 상사에게 긍정적인 이미지를 주어야 한다.

실수에 대처하는 요령은 세 가지다.

첫째, 신속히 보고하라. 앞서 예로 든 직장인 K씨는 자신의 선에서 어떻게든 문제를 해결하려고 하다가 낭패를 당했다. 우연히 업무 실수가 생겼다면 이를 상사가 인지하도록 보고해야 하는데 K씨는 차일피일 미루다가 때를 놓쳤다. 그 결과 문제가 더 심각해지고 말았다.

따라서 실수가 생겼다면 즉시 상사에게 보고해야 한다. 이렇게 해서 상사가 그 실수에 즉각 대처할 수 있는 시간적 여유를 줘야 한다. 자신보다 상사가 실수의 파급 효과를 막을 수 있는 역량이 더 크다. 일단 실수를 보고하고 나서, 그에 기민하게 대처하는 모습을 보여주는 게 최선이다.

둘째, 실수에 사과하라. 상사 앞에서 구구한 변명을 늘어놓는 순간 그동안 쌓아놓은 호감도가 실추한다. 실수에는 추호의 변명을 하지 말아야 한다. 상사는 실수를 대하는 직원의 정직한 태도를 주의 깊게 관찰한다는 점을 기억하자.

효과적인 사과에는 4R이 필요하다. 자신의 실수에 책임(Responsibility)지고, 인정(Recognition)해야 하며, 실수한 이유(Reason)를 밝히고, 그에 대해 반성(Regret)해야 한다.

셋째, 해법을 제시하라. 여기서 직장인의 실수에 대한 상사의 평가가 천지 차이가 난다. 책임감 없는 직원은 마냥 두 손을 놓고 어쩔 줄 몰라 한다. 이에 반해 책임감 강한 직원은 최대한 해법을 강구한 후 이를 상사에게 제시한다. 이렇게 하면 상사는 같은 실수라도 덜 예민한 반응을 보인다. 또한 해법을 통해 실수를 해결할 경우, 직원의 '회복 탄력성'이 강함을 입증할 수 있다.

> 회사에서 중요한 건 업무상의 실수다. 이 때문에 이를 적절하게 대처하는 자세가 요구된다. 누구나 실수한다는 점을 기억하고 실수에 지나치게 당황하지 말아야 한다.

Point

인정받는 연봉 협상법 4가지

연봉 협상에도 방법이 있다

"자네도 잘 알다시피 회사 작년 매출이 재작년에 비해 줄어들어서 …."

"회사 방침은 내년에 상황이 좋아지면…."

"올해 대다수 직원들이 연봉을 동결했기 때문에…."

직장인의 연봉 협상 때마다 회사 상사가 내놓은 말이다. 회사 입장에서는 해마다 제기되는 직원의 연봉 인상요구에 대한 매뉴얼이 마련되어 있다. 어설프게 실적 하나 믿고 연봉 협상 테이블에 앉았다가는 아무런 소득을 얻지 못할 수 있다. 이와 더불어 잘못 협상을 했다가는 상사와 험악한 관계가 되고 만다.

직장인이라면 원하는 만큼 연봉을 챙기고 싶고 또 상사의 감정을 해치지 않는 협상을 하고 싶어 한다. 그러기 위해선 우선 결정권자인 상사에게 신경을 써야 한다. 상사의 심리 상태, 취향 등을 전혀 고려하지 않고 불도저식으로 나가서는 곤란하다. 최소한 다음 세 가지는 숙지해야 한다.

1. 상사에게 협상 제안을 하기 좋은 시간은?
2. 상사가 직원에서 중요시하는 것은?
3. 상사에게 동기부여가 되는 것은?

이를 참고해, 상사를 잘 분석한 후 그에 맞게 협상 시 상사에게 채널을 맞춰야 한다. 그러면서 원하는 걸 얻어내는 것은 물론 원만한 관계를 유지하는 연봉 협상을 해야 한다. 그 방법은 다음 네 가지다.

첫째, 요구하는 말투보다 제안하는 말투로 써라. 반드시 연봉을 올려주라는 식의 말투는 상사에게 부담감을 줄 수 있다. 마치 밀린 외상값을 받기 위해 최후통첩을 하듯이 말하면, 원래 연봉 인상을 해주고 싶던 마음도 사라지고 만다. 다음의 요구 말투는 삼가야 한다.

"연봉을 ○○만 원으로 올려주셔야 합니다. 그 정도도 안 올려주면 안 되죠? 내가 그 정도도 못 받고 회사에 다닌다는 게…."

그 대신에 정중한 예우를 갖추어야 한다.

"연봉을 ○○만 원으로 인상하는 걸 생각하고 있습니다. 어떻게 생각하십니까?"

둘째, 성과를 데이터화해서 제시하라. 직원의 성과를 회사에서 다 파악하고 있다고 하더라도 아무런 준비 없이 협상에 나서면 안 된다. 자신의 성과를 일목요연하게 정리한 후 말하라. 이렇게 하면 된다.

"여기 보시듯이, 제가 일 년간 거둔 성과는 뚜렷합니다. 첫째는… 둘째는… 셋째는… 입니다. 이에 근거해서 연봉 인상을 원하고 있습니다."

셋째, 목표 연봉을 높게 말하라. 회사 측 상사는 어떤 연봉 인상 요구에도 조율을 원한다. 따라서 목표 연봉을 높게 책정해서 말하라. 그러면 상사는 그 액수를 기준으로 낮은 액수를 제시한다. 이 과정에서 크게 손해 보지 않는 연봉 인상안을 얻어낼 수 있다.

| 연봉 협상에서 성공하는 네 가지 방법 |

넷째, 협상이 잘 안 될 때 대안을 제시하라. 대부분 직장인은 연봉 협상 시 연봉 얘기만 하다가 끝낸다. 그 과정에서 원하는 연봉 협상을 못하면 직장인은 감정이 격해지곤 한다. 따라서 협상 난관을 염두에 두고, 상여금 지급, 복지 혜택 혹은 평소 원했던 부서로 자리를 옮기는 걸 요구할 수 있다. 그러면 자신도 원하는 걸 얻어내고, 또 상사도 만족하는 협상이 된다.

대표적으로 이렇게 말하면 된다.

"정 연봉을 올려줄 수 없다면 제안을 드립니다. 제가 해보고 싶은 일이 홍보 쪽 일인데, 이번에 본사 홍보실에 제 자리를 배치해주십시오."

Point

직장이라면 원하는 만큼 연봉을 챙기고 싶고 또 상사의 감정을 해치지 않는 협상을 하고 싶어 한다. 그러기 위해선 우선 결정권자인 상사에게 신경을 써야 한다.

비공식적으로 아이디어 제안할 때

상사에게 먹히는 아이디어 제안 요령

"직장 상사가 내 창의적인 아이디어를 번번이 무시해요."

"앞뒤가 꽉 막힌 상사가 아니고서야 어떻게 새로운 아이디어를 거부하겠습니까?"

젊은 직장인들에게서 나오는 푸념이다. 요즘 새내기 직장인들은 자기 의사 표현이 확실하며 또 새롭고 창의적인 것을 추구하는 경향이 있다. 관행적으로 시키는 일만 기계적으로 하기보다는 적극적으로 제안하고 새 프로젝트를 추진하고 싶어 한다.

그래서 아이디어를 내는 데 관심이 많다. 자신의 아이디어 하나로 시장에 엄청난 파급효과가 나오는 건 생각만 해도 흥분되는 일이다. 그런데 직장은 대학생들의 동아리와 다르다. 수많은 직원의 생사를 걸고 매번 신중을 기해 사업을 진행한다. 새로운 시도와 도전으로 얻어지는 이득이 아무리 많아도 실패와 위험 가능성이 조금이라도 있다면 미련 없이 포기하는 게 대다수 직장의 특징이다. 실리콘밸리처럼 창의적인 아이디어를 존중하는 곳은 그리 많지 않다.

따라서 우선 회사의 분위기를 파악하는 게 중요하다. 회사가 직원의 아이디어 채택에 적극적이고 새로운 시도를 지향하는지, 직원의 아이디어 채택에 큰 관심이 없는지 잘 파악해야 한다. 이에 따라 아이디어를 상사에게 제안하는 요령을 준비하는 게 필요하다.

회사가 직원의 아이디어를 환영하는 곳일 경우, 비공식적인 자리에서의 아이디어 제안 요령을 알아본다. 우선 아이디어에 대한 자료를 꼼꼼하게 준비한 후 상사가 제안을 받아들이기 좋은 시간대에 찾아가자. 상사가 관심 어린 표정으로 직원을 바라보면 아이디어 제안을 밝힌다.

"신제품의 혁신적인 마케팅 방안에 대한 제안서입니다."

"인플루언서를 활용한 온라인 홍보 제안서입니다."

그러고 나서 제안서를 전달하자. 이때 상사가 제안서를 펼쳐보려고 할 때 이렇게 말한다.

"이 제안서에서 특히 주목할 점은 세 가지로…"
"제 제안서의 핵심 사항을 말씀드리면…"

상사는 이 방면에 정통하다고 볼 수 있다. 따라서 핵심적인 사항에 대한 코멘트만으로 감을 잡는다. 가치가 있는 건지, 없는 건지 금방 알아차린다. 따라서 우물쭈물할 필요가 없다. 반응을 물어보고 나서 제안 채택을 부탁드리자.

"어떻게 생각하십니까? 잘 부탁드립니다."
"아무도 생각하지 못한 것 아닙니까? 꼭 제안을 채택해주십시오."

회사가 직원의 아이디어에 무관심한 곳일 경우, 비공식적인 자리에서는 어떻게 제안하면 좋을까? 이때는 우선 회사의 방침을 존중하는 마음가짐이 중요하다. 아무리 탁월한 아이디어를 제안한다 하더라도 회사에서 별 관심이 없다면 그걸 현실로 받아들여야 한다. 이직을 하기 싫다면 말이다.

이런 회사에서는 부정적인 반응에 잘 대처하는 게 중요하다. 이 것만으로도 본전을 채우는 셈이다. 상사의 부정적 반응 유형 세 가지와 그에 대한 적절한 대처 대화법을 알아보자.

첫 번째 부정적 유형은 "곤란할 것 같아. 내 생각에는 진행하기가 매우 어려워"다. 이에 대해서는 이렇게 말하자.

"힘들다는 걸 저도 잘 알고 있습니다. 하지만 공들여 준비한 제안서를 한번 읽어봐 주시길 부탁드립니다. 보시고 문제 되는 부분에 대한 지적해주십시오. 부장님의 판단을 믿습니다."

두 번째 부정적 유형은 "통 볼 시간이 없네"다. 이에 대해서는 이렇게 말하자.

"바쁘시다는 걸 잘 알고 있습니다만 제안서를 한번 볼 가치가 있습니다. 잠깐만이라도 시간을 내서 살펴봐 주십시오."

세 번째 부정적 유형은 "우리 회사는 새 프로젝트를 진행하지 않네"다. 이에 대해서는 이렇게 말하자.

"저도 회사 방침을 잘 알고 있습니다. 하지만 이 제안서에 대한 의견과 조언을 듣고 싶습니다. 당장 필요하지 않더라도 한번 검토해주십시오."

> 회사가 직원의 아이디어 채택에 적극적이고 새로운 시도를 지향하는지, 직원의 아이디어 채택에 큰 관심이 없는지 잘 파악해야 한다. 이에 따라 아이디어를 상사에게 제안하는 요령을 준비하는 게 필요하다.

Point

승진하려면 컨설턴트처럼 말하라

컨설턴트형 대화법이란?

A 직원: "저는 경험하는 업무 대신 사무적인 업무를 좋아하며, 시키지 않는 일은 하지 않습니다."

B 직원: "저는 지식을 갖고 현실에서 부딪히는 업무를 좋아하며, 스스로 알아서 일을 합니다."

두 가지 유형 직원의 말이다. 이미 우리는 4차 산업혁명의 시대에 살고 있다. 그렇다면 이 둘 중에 어느 유형의 직원이 더 각광받을까? 짐작했겠지만, B 직원이다. 세계적인 컨설팅 기업 맥킨지는 "2006년에 지켜봐야 할 10가지 트렌드"라는 보고서에서 10년 후에는 컨설턴트형 인재가 각광받을 것이라고 밝혔다.

'컨설턴트형 인재'란 복잡한 업무를 주도적으로 담당하면서 회사가 당면한 문제의 해법을 제시하는 사람을 말한다. 최근까지 회사에 다니던 직장인은 주어진 일만 뚝딱 해치우면 끝이었다. 업무의 범위가 분명하고 그에 대한 성과로 평가를 받아왔다. 이와 함께 직장인은 무사태평하게 따박따박 월급에 성과급을 받으며 승진만을 기다려왔다. 하지만 이런 직장인에게 날벼락이 떨어졌다.

갑작스럽게 회사가 사라지고, 자신이 설 자리가 없어지게 된 상황이 찾아온 거다. 뻔한 사무직 업무는 4차 산업혁명 시대에 제1순위로 도태되기 때문이다.

따라서 이제 직장인은 기존의 업무 태도에서 탈피해야 한다. 그래야 직장에서 인정받고 살아남는다. 최근의 기업은 과거와 달리 시시각각 여러 분야가 복잡하게 얽힌 문제를 맞닥뜨리고 있다. 매 순간 회사 존망의 위기가 찾아오는데, 이를 잘 대처해야 한다. 그래서 주어진 일만 해내는 정형화된 직원이 아니라, 주도적으로 여러 일을 찾아서 하고 그 속에서 문제를 해결하는 직원이 더 주목받고 있다. 바로 이런 직원이 '컨설턴트형 인재'다.

컨설턴트형 인재는 업무에서 제 실력을 보이는 것은 물론 차별화된 대화를 선보이고 있다. 맥킨지에 따르면 컨설턴트형 인재는 다음 네 가지 업무 특징을 보인다.

첫째 전문성, 둘째 호기심, 셋째 집요함. 넷째 자율성이다. 따라서 상사에게 인정받고 초고속 승진을 하고 싶다면, 수시로 상사 앞에서 이 특징을 드러내는 컨설턴트형 대화법을 구사하자.

첫째, 풍부한 경험을 갖춘 전문가임을 피력하라. 상사 눈에는 두 유형의 직원이 나뉘어 보인다. 하나는 도서관형 지식으로 무장한 직원, 다른 하나는 지식에 수많은 경험을 쌓은 직원. 이 가운데 현명한 상사라면 당연히 후자를 적극 신임할 게 당연하다. 이와 함께 컨설턴트는 곧 해당 업무에 대한 풍부한 경험이 기본이라는 걸 잊지 말자. 따라서 이렇게 말하는 게 좋다.

"이번 사안은 저의 수많은 경험에 비춰볼 때…."
"X 마케팅 이론을 실전 적용해본 경험을 토대로 할 때 이번 프로젝트의 방향은…."

둘째, "궁금한 건 못 참습니다. 문제 원인과 해법을 찾아내겠습니다"라며 호기심을 갖고 끊임없이 문제 해결을 위해 탐구한다는 걸 어필해야 한다. 상사의 머릿속에 호기심 많은 직원이라는 인상

3

포기하지 않고
집요하게 일하라

2

호기심을 갖고 끊임없이
문제 해결을 위해 탐구한다는
걸 어필해야 한다

4

"자율적", "스스로"라는 단어를
자주 사용하라

1

풍부한 경험을 갖춘
전문가임을 피력하라

| 컨설턴트형 인재의 대화 방법 |

을 꽉꽉 심어줘야 큰 중책을 맡을 수 있다.

셋째, 포기하지 않고 집요하게 일하라. 상사는 유능한 직원에게 별도로 업무 시간, 업무량, 업무 방향을 세세히 밝히지 않는다. 유능한 직원은 일을 맡으면 가능한 한 모든 추진 방향을 체크하며 완수될 때까지 자기 역량을 밤낮없이 다 바친다. 따라서 "저는 절대 포기를 모릅니다"라며 포기하지 않고 집요하게 일을 하는 직원이라는 점을 대화에서 피력하자.

넷째, "자율적", "스스로"라는 단어를 자주 사용하라. 자주 쓰는 단어가 그 사람의 이미지를 만든다. 4차 산업혁명 시대의 유능한 직장인은 주어진 일을 기계적으로 하지 않는다. 따라서 자신이 자율적이며 주도적임을, 그런 뜻을 가진 단어를 자주 사용함으로써 상사에게 어필할 수 있다.

> 컨설턴트형 인재는 다음 네 가지 업무 특징을 보인다. 첫째, 풍부한 경험을 갖춘 전문가임을 피력하라. 둘째, 호기심을 갖고 끊임없이 문제 해결을 위해 탐구한다는 걸 어필하라. 셋째, 포기하지 않고 집요하게 일하라. 넷째, "자율적", "스스로"라는 단어를 자주 사용하라.

Point

수시로 감사 표시하라

감사는 아부와 다르다

"감사합니다."

"고맙네."

듣기만 해도 기분이 좋아지는 말이다. 이 말을 통해 인간관계를 더욱 돈독하게 만들 수 있다. 실제로 관계를 단단히 다지려는 목적에서 의식적으로 상사가 부하 직원에게, 동료가 동료에게 사용하는 경우를 볼 수 있다. 그에 비해 부하 직원이 상사에게 진심으로 이 말을 사용하는 경우는 적지 않을까?

공식적인 자리에 관행적으로 감사 표시를 하는 건 자주 접할 수 있다. 그런데 진심에서 나온 감사는 찾아보기 힘든 듯하다. 수

직 문화에서 오는 상사에 대한 스트레스 그리고 과중한 업무, 여기에다 상사의 역할에 대한 요구 때문에 입에서 감사 표시가 잘 나오지 않는다.

의외로 상사가 부하 직원을 아끼는 마음에서 하는 행동이 많다. 해외 출장을 갔다 오면서 기념품을 선물하는 일, 늦은 시간까지 야근할 때 어깨를 두드려주며 격려하는 일, 업무 문제로 힘들어할 때 해결해주는 일이 그렇다. 이외에도 열거할 게 많다.

그런데 상당수 직장인은 그런 상사의 행동에 심드렁하게 반응한다.

"상사니까 당연히 그 정도는 해줘야 하는 게 아닙니까?"
"팀의 성과를 높이 올리기 위해 하는 계획된 행동이죠."

이런 반응이면 상사 기분이 좋을 리 없다. 상사는 부하 직원을 배려하는 행동을 할 때 당연히 감사 표시를 기대한다. 그런데 몇몇 직원은 당연하다는 듯 무시한다. 그러면 이런 직원들은 상사의 마음에서 멀어질 수밖에 없다. 키워주고 싶고, 높은 급여를 주고 싶은 직원 리스트에서 탈락할 수밖에 없다.

상사도 인간이다. 상사에게 수시로 감사 표시를 하는데 인색하

면 안 된다. 감사 표시가 쌓이면 쌓일수록 상사가 특별하게 부하 직원을 기억하게 된다. 이러한 감사 표시는 아부와 다르다. 상사가 자신에게 특별히 배려해주는 행동이 있을 경우, 그에 대해 감사를 하라는 것이다. 아부는 상사가 자신에게 배려를 하든 말든 상관 없이 상사의 비위를 맞추는 것이다.

마이클 매스터슨의 《AUTOMATIC WEALTH: 자수성가한 억만장자의 6가지 조언》에 따르면, 급여 인상 요청이 거부되었을 때도 상사에게 감사 표시를 하라고 말한다. 급여가 인상되지 않을 때는 상사에 대한 감정이 좋지 않다. 그런데 이때 오히려 감사를 표시하는 게 좋다고 한다.

그렇다. 그에게 감사하라. 만약 여러분이 바라던 급여 인상을 받지 못하게 된 경우 거기에는 그럴만한 충분한 이유가 있다. 만약 여러분이 대부분의 사람들과 비슷한 처지라면 이러한 사고를 받아들이기가 무척 어려울 것이다. 그러나 자신의 업무 성과에 대해 몇 시간 동안 아주 객관적으로 숙고한다면, 아마도 업무 성과가 일류 수준에는 달하지 못하였음을 알게 될 것이다.

이렇게 해서 사실을 올바로 볼 수 있게 해준 상사에게 감사하라고 말한다. 이를 통해 상사는 부하 직원에게 관심을 갖게 되고, 이와 함께 직장인은 심기일전하여 업무의 성과를 더 높일 수 있다고 한다.

따라서 상사가 배려해줄 때는 물론 상사와 업무상의 의견 차이, 급여 문제 등으로 갈등이 생겼을 때에도 한발 뒤로 물러서서 감사 표시를 해야 한다. 부하 직원의 한정된 역량에서 보지 못한 부분을 상사가 잡아낼 수 있기 때문이다. 겸허히 상사의 의견을 존중하고 감사 표시를 할 때, 상사는 그를 기꺼이 키워줄 부하 직원으로 삼는다.

상사도 인간이다. 상사에게 수시로 감사 표시를 하는 데 인색하면 안 된다. 감사 표시가 쌓이면 쌓일수록 상사가 특별하게 부하 직원을 기억하게 된다. 이러한 감사 표시는 아부와 다르다.

Point

5장

부하 직원을 잘 따르게 하는 대화법

부하 직원 유형에 따른 대화법

신속하게 부하의 유형을 파악하라

직원으로 근무할 때는 상사와의 커뮤니케이션 문제 때문에 스트레스를 받는다. 이때 직장 내 모든 인간관계의 문제가 상사에게 있는 것처럼 보인다.

이건 오해다. 직장인이 말단으로만 있으란 법이 없기 때문이다. 시간이 흐르면 어느새 부하 직원을 통솔하는 위치에 오르게 되어 있다.

바로 이때 예기치 않는 고민이 생긴다. 부하 직원과의 소통에 차질이 생기기 때문이다. 자기 딴에는 성의 있게 부하 직원과 소통하려고 노력하지만 자주 오해나 착오가 생기고 진정성이 잘 전달되지 않는다. 이 역시 부하 직원에게 문제가 있어서 그런 게 아니다. 직원들은 각기 다른 성향을 가지고 있는데, 그에 맞는 대화법이 부재하기 때문이다.

기업체에서 소통법 강의를 했을 때, 팀장들에게 누누이 이를 강조했다.

"팀원들 개개인의 성향을 잘 파악하고 그에 따라서 대화를 해야 합니다. 그렇지 않고 자기 위주로 대화를 하면 늘 소통에 문제가 생기게 됩니다. 부하 직원들을 유심히 관찰해보면 크게 네 가지 유형으로 분류할 수 있을 거예요. 이 네 가지 유형에 맞추어 신경 써서 대화를 해보세요."

행동 유형 모델 DISC에 따르면 직장 부하의 성격 유형은 네 가지다. 주도형, 사교형, 안정형, 신중형이다. 순서대로 각 유형의 부하 직원과의 대화법을 알아보자.

 **주도형** Dominance **직원** 자아가 강하고 목표 지향적이며, 도전에 의해 동기부여가 된다. 통제권을 상실하거나 이용당하는 것을 싫어한다. 말하기를 즐기며, 성과를 얻기 위해 말한다. 무엇(What)에 초점을 둔다. 이 유형의 직원은

목소리가 크며 자신이 결정하는 걸 좋아한다. 대화 시 자기 위주로 해석하는 경향이 있다.

이런 주도형 직원과의 대화 요령은 이렇다.

1. 서론이나 자질구레한 배경 이야기를 피하고 본론으로 들어가라
2. 질문을 하여 대화 내용이 잘 전달되었는지를 확인하라
3. 업무 추진 계획을 들어주라

사교형 Influence 직원 낙관적이고 사람 지향적이며, 사회적 인정에 의해 동기부여가 된다. 사람들로부터 배척받는 것을 꺼려하며 강압적 분위기에서 일을 잘 못한다. 말하기를 즐기며, 인정을 받기 위해 말한다. 누구(Who)에 초점을 둔다. 이 유형은 사람과 함께 어울리는 것을 추구하며 아이디어를 중시한다. 이 유형은 외향적이며, 협동을 즐긴다.

이런 사교형 직원과의 대화 요령은 이렇다.

1. 시시콜콜한 이야기를 자주 하라

2. 회식, 단합대회를 하면서 대화하라

3. 업무가 잘 진행되는지 확인 질문을 하라

안정형 Steadiness 직원 정해진 방식으로 일하고 팀 지향적이며, 현재 상태를 안정적으로 유지하는 것에 의해 동기부여가 된다. 안정성을 상실하는 것과 변화를 꺼려한다. 강압적인 분위기에서 남을 위해 자신을 양보한다. 듣기를 즐기며, 이해를 하기 위해 듣는다. 방법(How)에 초점을 둔다. 이 유형은 조용하고, 격식을 차리지 않는다. 다른 직원과 잘 지내려고 한다.

이런 안정형 직원과의 대화 요령은 이렇다.

1. 사적인 자리에서 대화를 하라

2. 대화를 주도하라

3. 칭찬을 통해 동기부여를 하라

신중형 Conscientiousness 직원 세부적인 사항에 주의를 기울이고, 분석적이며 과업 지향적이다. 정확성과 양질을 요구하는 것에 의해 동기부여가 된다. 자신이 수행하는 일을 비판당하는 것을 꺼

려하며, 강압적인 분위기에 비판적이다. 듣기를 즐기며, 분석을 하기 위해 듣는다. 이유(Why)에 초점을 둔다. 매사에 돌다리도 두드려 건너듯 신중하다. 이 유형은 보수적이며 타인과의 교류가 적다.

이런 신중형 직원과의 대화 요령은 이렇다.

1. 공식적인 자리에서 대화하라
2. 본론 위주로 말하라
3. 구체적으로 명확하게 말하라

자기 딴에는 성의 있게 직원과 소통하려고 노력하지만 자주 오해나 착오가 생기고 진정성이 잘 전달되지 않는다. 이 역시 부하 직원에게 문제가 있어서 그런 게 아니다. 직원들은 각기 다른 성향을 가지고 있는데, 그에 맞는 대화법이 부재하기 때문이다.

Point

업무 지시는 요령껏 하라

유능한 상사 치고 업무 지시를 못하는 사람은 없다

"업무 지시를 구두로 받는데 애매모호
해서 파악이 잘 안 됩니다.""상사가 지시를 할 때 자주 바뀌
서 너무 힘들어요."

직원들이 상사에 대한 불평이다. 일반 직원들이 상사에게 바라
는 것 중 하나가 지시를 명확하게 해줬으면 하는 것이다. 유능한
상사 치고 업무 지시를 잘 못하는 사람은 없다. 유능한 상사는 똑
부러지게 한다. 이에 반해 무능한 상사는 업무 지시를 제대로 하
지 못한 채 잘못된 결과를 보고 직원에게 화를 낸다. 그래서 늘 업
무 진행에 혼선을 빚는 탓에 늘 성과가 저조할 수밖에 없다. 누가
이런 상사 밑에서 일하고 싶겠는가?

직원들이 함께 일하고 싶은 상사가 되려면 무엇보다 업무 지시를 요령껏 내릴 수 있어야 한다. 업무 지시의 핵심은 정확·명료이지만, 이걸 실천하기가 쉽지 않다. 바쁘게 돌아가는 회사에서 상사가 잠깐 시간을 내서 구두로 지시를 내리기 때문이다. 이런 식의 지시가 흔하다.

"박 대리, 이번 마케팅 프로젝트 건 잘 해주게. 다음 주에 사장님에게 보고를 해야 하니까 월요일까지 마무리해서 진행 성과를 정리해서 가져다주게."

얼핏 핵심만 간단하고 명료하게 전달한 듯하다. 하지만 그렇지 않다. 지시받는 직원 입장에서 애매한 구석이 있다. 우선 왜 사장님에게 보고해야 하는지 구체적으로 설명되지 않았다. 또한 다음 보고를 어떤 식으로 해야 하는지 명료하게 설명되지 못했다. 따라서 직원은 답답함을 느끼고 지시를 이행하는 도중에 시행착오를 겪을 가능성이 크다.

다음과 같은 지시로 바꾸는 게 훨씬 정확하고 명료하다.

"박 대리, 다음 주 화요일에 열리는 이사회에서 사장님이 발표할 자료를 만들어주세요. 다른 부서에서는 국내 성과 중심으로 발표할 것입니다. 우리는 글로벌 기업 이미지에 걸맞게 해외 성과 사례 중심으로 자료를 만들어줬으면 합니다. 문서 분량은 대략

15장 정도고, 맨 앞에 요약본을 추가해주세요. 자세한 사항을 메일로 보냈으니 잘 참고해주세요."

이렇게 지시하면, 직원은 무엇을, 언제까지, 왜, 어떻게 해야 하는지 선명하게 머릿속으로 그린다. 더욱이 맨 끝에 혹시 직원이 지시 사항을 잘 파악하지 못할 경우에 대비해 메일을 줬다고 하는 멘트가 압권이다. 이런 상사의 지시는 부하 직원으로 하여금 업무를 신바람 나게 진행하게 만든다.

상사가 직원에게 요령껏 업무 지시를 내리는 방법은 네 가지다.

첫째, 정확하고 명료하게 말하라. 육하원칙에 의거해 무엇(What), 누구(who), 언제(when), 어디서(where), 왜(why), 어떻게(How)가 드러나는 게 최상이다. 적어도 무엇(결과물), 언제(마감), 왜(결과물의 목적), 어떻게(방법)을 밝혀주는 게 좋다.

둘째, 지시 내용을 확인하라. 업무 지시 내용을 하나도 빠뜨리지 않았는지, 또한 직원이 업무를 할 수 있는지 체크해야 한다. 이렇게 두 가지를 물어봐야 한다.

"업무 지시 사항을 확인하고자 합니다. 지금 지시를 정리해서 말해보세요."

"업무 지시를 잘 처리할 수 있죠?"

셋째, 직원에게 격려하기다. 똑같은 지시를 해도 어떤 상사는 기분 좋게 하고, 어떤 상사는 무뚝뚝하게 한다. 전자가 일의 성과 면에서 더 좋지 않을까? 따라서 업무 지시만 내리고 입을 닫지 말고 이렇게 격려의 표현을 해주자.

"당신을 믿습니다. 잘할 수 있죠?"

"이사회 회의 때 회장님의 발표 자료로 쓰일 것입니다. 그러니 회사를 위해 잘 해주시리라 믿습니다."

넷째, 변덕스럽게 지시를 바꾸지 말라. 일반 직원들이 상사의 업무 지시에서 몹시 힘들어하는 것 중 하나가 이것이다. 오전에 이것 해라 했다가, 점심시간 후에 저것 하라는 식이면 곤란하다. 직원이 보기에 오전 건을 하고 나서 오후 건을 진행해도 무방해 보이는데도 이런 식이면 직원은 업무에 집중하지 못한다. 한번 지시를 내렸으면 그것이 종결될 때까지 진행되게 하자. 예상치 못한 큰 변수가 생기지 않은 이상 말이다.

유능한 상사 치고 업무 지시를 잘 못하는 사람은 없다. 유능한 상사는 똑 부러지게 한다. 이에 반해 무능한 상사는 업무 지시를 제대로 하지 못한 채 잘못된 결과를 보고 직원에게 화를 낸다.

Point

불필요한 간섭, 참견을 삼가라

지나친 간섭은 역효과를 불러온다

　　　　　　　"일을 잘하라고 업무 중간 중간에 끼어
드는데 직원이 왜 싫어하는지 모르겠어요.""직원 사생활
에 대해 이런저런 조언을 자주 해주는 편입니다. 근데 왜 슬슬 피
하느냐고요!"

　직원을 둔 상사의 고민이다. 얼핏 보면 상사는 직원에게 굉장히
잘 대해주는 듯하지만 실제로는 그렇지 않다. 이런 직장 상사는
마치 자식의 일거수일투족을 간섭하는 엄마와 같아 보인다. 애정
이 과도한 엄마는 일일이 아이에게 간섭하다가 아이에게 스트레
스를 주고 만다.

직장 상사도 이런 점에 유의해야 한다. 설령 직원에 대한 관심에서 조언을 한다고 하지만 그 정도가 지나치면 직원에 대한 간섭이나 참견이 될 수 있기 때문이다. 직원들이 실질적인 업무의 문제가 아닌, 상사의 간섭이나 참견으로 상상 이상으로 많은 스트레스를 받고 있다.

"다른 건 다 좋은데 상사의 참견질 때문에 너무 짜증 납니다."

"휴게실에서 남자 친구와 전화로 다퉜거든요. 근데 그걸 상사가 다 안다는 듯이 정리하라고 하면서 감정 상하는 말을 하더라고요. 왜 상사가 남의 통화를 엿듣습니까?"

사정이 이런데도 몇몇 상사들은 문제의 심각성을 인지하지 못하는 듯하다. 일부 상사는 시시콜콜한 업무 진행 사항에 대해 간섭하고 참견해야 안심이 된다. 그래야 차질 없이 업무 진행이 된다고 본다. 하지만 상사가 사사건건 참견하는 순간 직원의 자발성이 떨어진다. 이와 함께 직원의 책임감이 떨어지고 만다.

공자의 제자 복자천이 지방 고을 관리로 임명받아 떠나가게 되었다. 이때 복자천은 왕이 업무에 일일이 간섭하는 성향임을 알고 있었다. 그래서 그는 대궐의 신하 둘을 데리고 가게 해달라고 간청하여 승낙받았다.

복자천은 그 신하 둘에게 방문객의 민원을 적는 일을 시켰다.

그런데 그는 신하 둘이 글씨를 적을 때 팔꿈치를 치거나 잡아당겨 방해했다. 이로 인해 글씨가 엉망이 되었다. 복자천은 기다렸다는 듯이 면박을 주었다.

그러자 신하 둘이 사임하고 왕에게 돌아가서 하소연했다. 사정을 알게 된 왕은 복자천을 처벌하지 않고 그의 지혜로움에 감탄했다.

"그가 나의 어리석음을 깨우치려고 한 행동이구나. 그동안 아랫사람에게 쓸데없이 간섭이 많았구나."

이렇게 해서 왕은 복자천에게 간섭을 하지 않기로 약속한 후, 소신껏 일을 처리하라고 일렀다.

역량 있는 상사는 복자천과 같은 사람이다. 아랫사람에게 한번 일을 맡기면 책임감과 자율성을 부여하여 재량껏 하도록 해야 한다. 그래야 아랫사람이 일에 대한 만족감을 가지면서 자신의 재능을 최대한 발휘한다.

셰익스피어는 말했다.

"이 세계는 하나의 무대이며 사람들은 모두 연기자다. 제각기 나오는 장면도 있고 들어가는 장면도 있다. 평생을 통하여 수많은 연기를 하련다."

이는 참견받지 않고, 간섭당하지 않은 채 내 의지대로 살아가는 게 최상의 삶임을 말해준다.

이는 직원의 사적인 생활에서도 마찬가지다. 부모가 잔소리를 하는 걸 자식도 싫어하는데 하물며 상사가 일일이 조언한답시고 간섭한다면 정말 고역이 아닐 수 없다. 필요 이상으로 부하 직원의 사생활에 끼어들면 안 된다.

유능한 운동선수 뒤에는 항상 유능한 코치가 있다. 유능한 코치들은 이구동성으로 일일이 간섭하면 오히려 역효과가 나온다고 한다. 유능한 코치는 실력을 잘 발휘할 수 있는 환경을 지원한다. 그러면 선수는 알아서 척척 제 실력을 발휘한다.

마찬가지로 상사는 부하 직원에게 간섭이나 참견 대신 그에게 필요한 지원을 하라!

설령 직원에 대한 관심에서 조언을 한다고 하지만 그 정도가 지나치면 직원에 대한 간섭이나 참견이 될 수 있다. 직원들이 실질적인 업무의 문제가 아닌, 상사의 간섭이나 참견으로 상상 이상으로 많은 스트레스를 받고 있다.

Point

부하 직원에게 동기부여 되는 말 4가지

부하에게 힘이 되는 한마디는?

'당신에게 힘이 되는 한마디가 무엇입니까?' 다수의 기업체 강의를 하면서 직원들 대상으로 설문 조사를 해봤다. 이때 직원들이 응답해준 자료에 따르면, '힘이 되는 한마디 네 가지'는 다음과 같다.

"자네라면 잘할 거야." "최고야."

"결과는 내가 책임질게."

"잘했어.", "수고했어."

"고생한다." "힘내라."

현실은 매우 삭막하다. 대다수 직장의 상사는 직원에게 따뜻하고, 힘이 되는 말을 건네는 데 익숙하지 않다. 직장 상사는 직원에게 지시를 내리고, 성과를 관리하고, 부정적인 결과에 대해 감정적으로 대응하다 보니 듣기 좋은 말을 하기가 쉽지 않다. 상사의 입에서 자주 나오는 소리가 이렇다.

"귓구멍이 막혔나? 한번 얘기하면 척 알아들어야지?"
"고작 이걸 성과라고 내세우는 건가?"
"어휴, 자네들과 함께 일하는 내가 미친다고!"

이처럼 습관적으로 입에서 나오는 말들이 뻔하다. 그러고서도 직원에게 동기부여를 하노라고 한다. 인센티브, 포상 휴가, 승진을 제공하기 때문이다. 물론 이것들이 직원들에게 일정 부분 동기를 부여하는 건 사실이다. 하지만 이는 당근과 채찍처럼 직원을 당나귀처럼 다루면서 열심히 일하게 만들 뿐이다. 직원들은 피로해질 뿐이다. 사람은 동물과 다르다. 물질적인 보상 이상이 필요하다.

직원에게 동기부여를 해줄 수 있는 방안 중 가장 강력한 게 바로 말이다. 실제로 직원들이 상사로부터 원하는 말을 듣는다면 동기부여가 된다고 밝히고 있다. 이게 바로 앞서 밝힌 네 가지 말이다. 이에 대해 구체적으로 살펴보자.

첫째, "자네라면 잘할 거야", "최고야"라는 말은 곧 칭찬이다. 칭찬의 힘은 대단하다. 모 실험에 따르면, 사람이 칭찬을 할 때와 돈을 줬을 때 뇌 반응이 같다고 한다. 칭찬을 많이 해주면 돈을 준 것과 같은 효과가 나타난다는 말이다. 실제로 칭찬을 많이 하면 직원의 생산성과 충성심이 높아진다고 한다.

둘째, "결과는 내가 책임질게"라는 말은 상사가 책임을 진다는 말이다. 많은 직장인들이 회사 업무를 하면서 업무 실수와 나쁜 성과에 대한 두려움을 갖고 있다. 이렇게 되면 제 실력을 발휘하기 힘들다. 의욕적으로 일하기보다는 눈치 보면서 일하게 된다. 따라서 상사가 직원에 중책을 맡길 때, 새로운 일을 맡길 때 그 고충을 덜어주는 말을 해야 한다. "내가 모든 걸 책임질 테니 최선을 다해봐"와 같은 말이 필요하다.

셋째, "잘했어", "수고했어"라는 말은 인정이다. 큰 프로젝트가 끝났을 때 직원에게 이런 말을 해야 한다. 직원이 월급 받아서 하는 일이기 때문에 이런 말을 할 필요성을 못 느끼면 안 된다. 직원은 상사로부터 인정받으면 받을수록 의욕적으로 일한다.

넷째, "고생한다", "힘내라"라는 말은 격려다. 직원이 실수를 해서 질책이나 비난을 해야 하는 상황이 생길 때가 있다. 이때 정작 직원에게 필요한 건 격려다. 따뜻하고 진정 어린 격려 한마디가 직원으로 하여금 다시금 도전할 수 있도록 용기를 북돋워준다.

직원에게 동기부여를 해줄 수 있는 방안 중 가장 강력한 게 바로 말이다. 실제로 직원들이 상사로부터 원하는 말을 듣는다면 동기부여가 된다고 밝히고 있다.

Point

질문하고 질문하라

티칭형 상사 No, 코칭형 상사 Yes

A 상사: "이것을 진행하려면 내가 말한 대로만 하면 돼. 그 외 딴짓은 전혀 하면 안 돼."

B 상사: "이것을 자네가 잘할 수 있겠나? 자네는 어떻게 할 생각인가?"

직원과 업무를 진행하는 방식이 다른 두 유형의 상사다. 전자는 이미 결론을 다 가지고 있고, 직원에게 정해진 결론을 그대로 주입하고 있다. 이른바 '티칭(teaching)형 상사'다. 이 상사는 직원에게 일방적으로 자신이 원하는 방식을 가르치고 지시하며 그에 한 치도 벗어나지 않는 결론을 바란다. 이 상사의 말투는 직원의 사기와 창의성을 팍팍 죽인다.

이와 달리 후자는 '코칭(coaching)형 상사'다. 절대 결론을 정해서 일방적으로 전달하지 않는다. 질문을 던져 상대방 스스로 문제의 해법과 과제의 결론을 도출하게 한다. 이런 말투의 상사는 직원들에게 자발성과 창의성을 북돋워준다.

실제로 가르치는 말투와 질문하는 말투의 차이는 뚜렷하다. 기업 강사로 다년간 활동을 하던 내가 최근 대학교에서 학생을 가르치게 되었다. 이 과정에서 가르치는 말투가 몸에 배었다. 원래나는 질문을 던지고 상대방의 말을 잘 경청하는 습관을 가지고 있었다. 이런 내가 직장인들 모임 때 가르치는 말투를 남발하고 말았다.

"선생님, 이렇게 해주십시오."
"선생님의 생각은 어떠세요?"(원래 내 말투)

"이번 진행 방식을 차질 없이 잘 따라주세요."
"이번 진행 방식이 마음에 드세요?"(원래 내 말투)

"잘 해주십시오."

"잘 하실 수 있죠?"(원래 내 말투)

가르치는 말투는 원래의 내 말 습관과 비교하면 그 차이가 확연하게 드러난다. 이는 상대방과의 교감 그리고 상대방의 주도성을 전혀 고려하지 않는 말투다. 인간관계 면에서 볼 때 친화력이 약해지게 되며, 일을 추진할 때도 종종 삐거덕거리게 된다.

내 말투의 문제점을 발견한 나는 원래 내 말 습관을 잘 유지하기 위해 노력했다. 이렇게 하자 직장인 모임에서 모두로부터 호감을 받는 대화법을 잘 이어갈 수 있었다.

도로시 리즈의 《질문의 7가지 힘》에 따르면 질문은 많은 유익함을 가지고 있다. 이 책에 따르면 질문은 다음 일곱 가지 힘을 가지고 있다.

첫 번째 힘: 질문을 하면 답이 나온다

두 번째 힘: 질문은 생각을 자극한다

세 번째 힘: 질문을 하면 정보를 얻는다

네 번째 힘: 질문을 하면 통제가 된다

다섯 번째 힘: 질문은 마음을 열게 한다

여섯 번째 힘: 질문은 귀를 기울이게 한다

일곱 번째 힘: 질문에 답하면 스스로 설득이 된다

저자는 질문의 힘을 실제 경험했다. 저자는 유방암 진단을 받고 유방 절제술을 받아야 했지만 그대로 기다리지 않았다. 여러 의사에게 질문을 던지면서 새 치료법을 찾아 나섰다. 그런 끝에 획기적인 치료법을 찾아냈고, 이로써 유방 절제를 하지 않고도 병을 완치할 수 있었다.

아인슈타인은 "좋은 질문은 새로운 방향을 제시하며 이전의 사고를 뛰어넘는 통찰이 담겨 있다"도 말했다. 하지만 질문을 처음부터 잘할 수는 없다. 질문에 익숙해진 상사가 되려면 다음 네 가지를 꼭 기억하자.

첫째, 답이 정해졌더라도 질문을 하라. 답이 정해졌다는 이유에서 질문을 하지 않는 경우가 많다. 설령 자기 생각에 최상의 결론, 해법을 가지고 있더라고 그걸 밀고 나가면 안 된다.

그걸 밝히지 않고, 상대방의 의견과 아이디어를 물어야 한다. 이렇게 하면 상대방이 전력을 다해 최상의 결론, 해법을 도출해낸다.

2 개방형 질문을 하라

3 가끔 엉뚱한 질문을 하라

1 답이 정해졌더라도 질문을 하라

4 상대방의 대답을 잘 경청하라

| 질문에 익숙해진 상사가 되기 위해 명심해야 할 네 가지 |

둘째, 개방형 질문을 하라. 질문을 한답시고 고작 "네", "아닙니다"의 답을 바라서는 곤란하다. 질문을 통해 직원이 생각할 수 있는 모든 답안을 도출하도록 지원해야 한다. 이 때문에 질문은 다양한 답을 나올 수 있도록 이렇게 해야 한다. "이 프로젝트를 진행하고자 하는데 최 대리의 생각이 어떻습니까?"

셋째, 가끔 엉뚱한 질문을 하라. 경직된 상태에서는 아무리 좋은 질문도 상대방의 호응을 이끌어내기 힘들다. 따라서 평소 정해진 틀을 과감히 벗어난 질문을 하는 게 좋다. 이렇게 해서 기발하고 또 상상력 넘치는 질문을 자주 할 때, 직원들은 편하고 자유롭게 대답을 찾아낸다.

넷째, 상대방의 대답을 잘 경청하라. 질문으로 끝이 나는 게 아니다. 질문은 경청으로 완성된다는 점을 잊지 말자. 기껏 질문으로 직원의 사기를 올려줬다고 해도, 잘 듣는 모습을 보여주지 않으면 질문의 가치가 없어지게 된다. 상사가 잘 들을수록, 직원은 상사의 질문에 적극적인 대답을 내놓는다.

Point

'코칭(coaching)형 상사'는 절대 결론을 정해서 일방적으로 전달하지 않는다. 질문을 던져 상대방 스스로 문제의 해법과 과제의 결론을 도출하게 한다.

효과적으로 질책하기

적절할 때 질책의 채찍을 들어라

"요즘 젊은 직원들에게는 함부로 질책하기가 쉽지 않습니다. 반발심이 워낙 센 듯해서요."

"한번 지적하고 꾸짖었다 하면 감정을 제어하지 못해 힘듭니다."

직장 상사의 애로 사항이다. 상사는 일을 진행하는 과정에서 직원에게 수시로 질책하게 된다. 그런데도 직원의 반발과 욱하는 성질 때문에 질책을 제대로 하기 쉽지 않다. 우선 오해부터 풀어보자. 젊은 직장인은 상사의 질책에 거세게 반발할까? 자유분방하고 자기 주장이 강한 젊은 직장인에게는 질책이 역효과가 날까?

이는 잘못된 생각이다. 2010년 네덜란드 암스테르담 대학의 사회심리학 연구팀은 흥미로운 연구 결과를 발표했다. 63명의 대학생들을 대상으로 질책의 영향을 조사했다. 학생들에게 8분 동안 감자 사용법에 관한 아이디어를 제출하도록 한 후, 평가를 내렸다. 이때 연구자들은 화난 듯한 어조와 중립적인 어조 두 가지로 평가했다. 그러고 나서 다시 학생들에게 벽돌에 관한 아이디어를 내도록 했다. 그러자 화난 목소리로 질책을 받은 학생들이 더 적극적이고 창의적으로 많은 아이디어를 냈다. 이를 토대로 연구팀은 말했다.

"스트레스가 많고 시간에 쫓기며 시끄러운 직장에서는 화가 효력을 발휘하지 못하겠지만, 긴장이 풀린 직장에서 화는 더 열심히 일할 필요가 있도록 일깨워주는 효과가 있을 수 있다."

따라서 무조건적으로 질책을 피하는 건 좋지 않다. 생산성이 저조한 직장 분위기에서는 적절히 질책의 채찍을 드는 게 좋은 효과를 낼 수 있다. 단, 제대로 질책을 하지 못하고, 또 시도 때도 없이 질책을 하는 건 직원에게 큰 스트레스가 된다는 점을 기억해두자.

그렇다면 어떻게 질책을 하는 게 좋을까? 효과적인 질책 요령은 네 가지다. 구체적으로 살펴보자.

첫째, 일대일로 하라. 칭찬은 공개적으로 하면 효과가 높다. 여러 사람으로부터 인정을 받았다는 느낌이 들기 때문이다. 이에 반해 질책은 공개적으로 하면 역효과가 난다. 설령 자신의 잘못을 인정하더라고 여러 사람에게 자신의 치부를 드러낸 듯해서 자존감에 상처를 입는다. 따라서 꾸지람을 하려면, 직원을 따로 불러서 하자.

둘째, 1분 안에 하라. 뻔한 실수와 과오를 두고, 장시간 꾸지람을 한다면 누가 참아낼 수 있을까? 지겨울 수밖에 없다. 질책을 할 때는 미리 머릿속으로 할 말을 정리한 후에 하자. 그러면 중언부언하는 일이 없다. 상대방은 즉시 잘못을 파악하게 된다.

셋째, 잘못된 행동에 초점을 두라. 사람이 아닌 잘못한 사실에 초점을 둬야 한다. 사람에 초점을 두다 보면 욱하고 치밀어 오른다. 그러면 질책이 아니라 분노가 된다. 사람을 지우고 문제가 된 사실만 바라보면 냉정을 되찾을 수 있다. 이때 실수를 지적하고 개선을 찾아갈 수 있다.

넷째, 개선책을 찾아라. 질책은 상대방에게 면박을 주는 것이 아니다. 질책은 해법을 모색하는 것까지 포함해야 한다. 그래야 질책의 의미가 있다. 그렇지 않은 질책은 감정 소비에 불과하다. 만약 상사가 매출에 큰 지장을 준 과오를 저지른 직원에게 질책을 하려면, 이렇게 개선책을 찾게 하자.

"자네, 큰 과오를 저질렀더구먼. 구체적으로 보면 매출 피해액이 ○천만 원 정도야. 회사 입장에서 이 피해액이 적지가 않네. 이번에 자네 과오의 심각성에 대해 반성을 해야 하네. 그리고 다시 이런 일이 생기지 않도록 문제 해결책을 찾아보게."

Point

무조건적으로 질책을 피하는 건 좋지 않다. 생산성이 저조한 직장 분위기에서는 적절히 질책의 채찍을 드는 게 좋은 효과를 낼 수 있다.

지루하지 않게 회의하는 법

회의 방식을 보면 당신의 리더십을 알 수 있다

상사는 매주 크고 작은 회의를 주도한다. 직원으로서 수동적으로 참석할 때와 달리 회의의 성과는 온전히 자신의 몫이다. 만약 매너리즘에 빠져서 매번 해오던 식대로 회의를 반복한다면, 그 회의는 성과를 내기 힘들다. 이 때문에 직원이었을 때로 돌아가서 회의의 문제점을 복기하는 과정이 필요하다.

과연 직원들은 회의를 어떻게 볼까? 대다수가 부정적으로 보고 있다. 2017년 대한상의의 100대 기업 직장인 1,000명을 대상으로 한 회의 문화에 대한 설문 조사에 따르면, 직장 회의 절반이 불필요하다고 응답했다. 지루하고 쓸데없는 회의가 많다는 말이다. 이와 함께 대다수 직장인은 회의 진행 방식의 문제점을 지적했다. 가장 큰 두 가지 문제점은 상사에게 있는 것으로 나타났다.

- 상사의 발언 독점(61.6%)
- 상사의 의견대로 정해지는 결론(75.6%)

이에 따라 직장인들의 집중도가 저조해서 상당수가 침묵을 지킨다고 한다. 또한 명확한 결론이 나오지 않은 것과 함께 회의 결론이 실행으로 옮겨지지 않는다고 답했다. 과연 의식 있는 상사라면 이런 회의를 아무런 반성 없이 반복해야 될까? 절대 그래서는 안 된다.

"회의 방식을 보면 리더십을 알 수 있다. 성공적인 미팅이 되기 위해서는 회사 목표 달성에 투자를 하고, 미팅에 참석하는 사람들의 시간을 배려하고, 준비를 해야 한다."

텔레컨퍼런스 컨설팅 기업 쇼어텔(ShoreTel)의 돈 주스 대표의 말이다. 회사의 목표 달성을 위해 구성원의 회의는 매우 큰 역할을 차지하고 있다. 따라서 직장 상사는 성공적인 회의 진행을 통해 자신의 리더십을 유감없이 보여줘야 한다. 그렇다면 구체적으로 어떻게 회의를 하면 될까? 다음 다섯 가지 방법을 참고하기 바란다.

첫째, 회의 목적을 분명히 하라. 회의 시작 전에 충분한 시간을 갖고 직원들에게 회의 목적을 알려주는 게 좋다. 따라서 예고 없이 불쑥불쑥 진행하는 도깨비식 회의는 삼가야 한다. 최상의 회의 성과는 참가자들이 회의 목표를 숙지한 후 능동적인 발언을 통해 나온다.

둘째, 상사의 독점을 배제하라. 직원들이 '회의' 하면, 혼자 마이크를 독차지한 상사를 떠올려서는 안 된다. 상사의 독점과 결론 주입은 직원을 들러리로 만들 뿐이다. 그렇다면 상사의 역량으로는 도저히 감정하기 힘든 난제 해법은 누가 찾아줄 수 있는가? 막대한 연봉을 주고 데리고 있는 직원의 역량을 믿어보고, 그에게 발언권을 주라. 번득이는 해법이 나오는 걸 경험할 수 있다.

셋째, 모든 참가자가 발언하게 하라. 회의 때면 늘 발언하는 직원이 있고, 늘 침묵을 지키는 직원이 있다. 이 구분선을 지워버려

1 회의 목적을 분명히 하라

2 상사의 독점을 배제하라

3 모든 참가자가 발언하게 하라

4 시간을 정하라

5 회의 결과를 실행할 사람을 정하라

| 유능한 상사의 효율적인 회의 방법 |

야 한다. 그러기 위해선 회의 룰을 만들어, 모두 발언을 할 수 있도록 하자. 회의 때마다 자신이 발언을 한다는 걸 아는 직원은 전과 다른 태도를 회의에 임하게 된다. 더 좋은 자료를 내놓고, 더 돋보이는 의견을 제시한다.

넷째, 시간을 정하라. 회의 시간을 정하면 쓸데없이 늘어지는 걸 방지할 수 있다. 시간 낭비를 줄일 수 있으면, 결론 도출에 집중할 수 있다. 이때 개인 발표 시간도 정해서 한 사람이 많은 시간을 허비하는 걸 피하자. 시간 엄수가 힘들다면 서서 회의를 진행하는 것도 좋은 방법이다.

다섯째, 회의 결과를 실행할 사람을 정하라. 회의가 반복된다는 느낌을 받는 원인은 전 회의 결과물이 나오지 않았기 때문이다. 분명히 전 회의에서 어떤 사안에 대한 해법이 결론으로 도출되었는데, 이게 실행되지 않은 탓이다. 따라서 매번 회의 종결 시에는 결론을 책임지고 실행에 옮길 적임자를 정하라. 이렇게 함으로써 이번 회의가 끝나면 절대 다음 회의 때 똑같은 안건으로 시간 낭비하는 일이 생기지 않는다.

> **Point**
>
> 직장 상사는 성공적인 회의 진행을 통해 자신의 리더십을 유감없이 보여줘야 한다.

직원과의 면담을 잘하려면?

부장님과 고민 상담을 하고 싶습니다

"지난 한 달여 동안 가장 잘한 일은 '100명 만나기 프로젝트'다. 구성원 100명과 1대1로 30분씩 면담을 했는데 회사를 움직이는 분들의 생생한 목소리를 들을 수 있었다." 임지훈 카카오 대표의 말이다. 그가 취임 후 중점적으로 한 일은 직원들과의 면담이다. 그는 왜 산적한 대외 업무를 뒤로 한 채 전 직원들과의 면담에 나섰을까?

이에 대한 답은 위에 나와 있다. '회사를 움직이는 분들의 생생한 목소리를 들을 수 있었'기 때문이다. 이를 통해 그는 경영의 측면에서 활용할 수 있는 한 차원 높은 이야기, 정보를 습득했다고 밝히고 있다. 직원들도 면담에 환호하기는 마찬가지다.

이처럼 면담은 조직 구성원의 의견 수렴, 단합, 그리고 경영자의 새로운 아이디어 획득에 여러모로 도움이 된다. 면담은 불필요한 시간 낭비가 아니다. 상사는 직원의 목소리를 무시하고, 직원은 바쁘다는 핑계로 면담을 소홀히 생각해서는 안 된다. 직원을 둔 상사가 먼저 직원과의 면담에 적극적이어야 한다. 따라서 직원들이 머릿속에서 이런 생각이 들게 만들어야 한다.

'부장님과 고민을 상담하고 싶어.'
'업무상 큰 문제가 생길 때는 면담이 최선책이야.'

이렇게 할 때 상사가 직원과의 면담에 적극적이고 개방적으로 될 수 있다. 이런 상사가 되기 위해서는 면담의 기본 지식과 노하우를 습득해야 한다. 면담은 여섯 가지 프로세스로 이루어졌다.

❶ 면담 약속 ➡ ❷ 사전 준비 ➡ ❸ 면담 실시 ➡

❹ 면담 내용의 기록, 정리 ➡ ❺ 건의 사항 수렴, 개선 실행 ➡

❻ 결과 통보

여기에서 유의해야할 점은 ① 면담 약속과 ② 사전 준비다. 면담 약속은 직원의 입장을 고려해서 편한 시간과 장소를 정하는 게 좋다. 그다음 사전 준비를 해야 한다. 이를 무시하는 상사가 적지 않다. 직원에 대해 다 안다고 하지만 막상 면담을 할 때 당황하게 되는 일이 생긴다.

이와 함께 사전 준비에서 빼놓지 말아야 할 것은 직원의 근무 태도, 신상 파악이다. 이런 기본 데이터베이스가 있어야 상급자로서 직원과의 면담을 효과적으로 할 수 있다.

무엇보다 위에서 제일 중요한 건 ③ 면담 실시다. 이때 상사의 말투에 유의해야 한다. 자신이 다음과 같은 말투를 남발하고 있지 않은지 반성하자.

"뭐라고 했나? 뭐라고?"('사오정'형)
"나도 직원일 때는 그랬다네. 시간이 약이야."('시간이 약'형)
"잘 알겠다고. 내 말을 잘 들어봐. 그러니까 자네의 경우에는…"
('다 안다'형)

이런 말투를 쓰는 상사와 누가 대화를 하고 싶겠는가? 직원은 답답해서 미쳐버릴지 모른다. 직원이 면담에 호의적으로 응하게 만들려면 '어기역차', '원무지개' 면담 요령을 활용하는 게 좋다.

'어기역차' 면담 대화법

어	"어떤 문제든 편하게 다 말해보세요."	적극적 경청
기	"기분이 어떤지 잘 압니다."	수용적 이해
역	"역시 ○○ 씨도 그렇군요."	역지사지의 공감
차	"(생각의) 차이가 있는데 그걸 존중합니다."	차이의 존중

'원무지계' 면담 대화법

원	"원하는 걸 말해보세요."	희망 사항 확인
무	"무엇을 시도해봤습니까?"	기존의 대처법 확인
지	"지금부터 어떻게 할까요?"	새로운 해법 모색
계	"계획을 수립합시다."	실천 계획 수립

이렇게만 말을 하면 직원은 마음의 문을 열고, 말하기 힘든 내용을 술술 털어놓게 된다. 이런 식으로 상사가 대화를 하면 직원은 직원대로, 상사는 상사대로 면담 시간의 성과를 거둘 수 있다.

Point

면담은 조직 구성원의 의견 수렴, 단합, 그리고 경영자의 새로운 아이디어 획득에 여러모로 도움이 된다. 면담은 불필요한 시간낭비가 아니다.

언행일치하여 모범을 보여라

이상적인 직장 상사의 필수 덕목은?

"최고의 상사들에게는 공통적인 특징이 있다. 좋은 상사들은 무엇보다 먼저 언행일치의 습관을 갖고 있다. 약속을 하면 반드시 지키며, 어떤 것을 하겠다고 말하면 정확히 얘기한 대로 한다. 만일 그들이 급여 재사정이나 인상을 당신에게 약속한다면, 그들은 계획대로 진행한다."

세계적인 동기부여가 브라이언 트레이시의 말이다. 그에 따르면 가장 이상적인 직장 상사는 말과 행동이 일치한 사람이라고 한다. 일단 말을 내뱉으면 무슨 일이 있어도 그대로 행동하며, 한번 지시를 내리면 나중에 다른 말을 하지 않는다. 이런 상사 밑에 있는 직원은 업무에 대한 안정감이 높기에 당연히 업무 성과가 꾸준히 좋게 나온다. 따라서 직원이 이런 상사에게 자신의 미래를 걸고 싶어 한다.

2018년 인터비즈(네이버 비즈니스)의 설문 조사에 따르면 이상적인 상사 1, 2, 3위는 다음과 같다.

- 언행이 일치하는 상사(41.8%)
- 리더십 있는 상사(38.6%)
- 방향을 제시하는 상사(35.4%)

이처럼 일반 직장인은 언행일치가 된 상사를 제일 우선시하고 있다. 직원은 말이 조변석개하는 상사 앞에서 늘 긴장하고 스트레스를 받아왔기 때문이다. 제대로 일을 진척하기가 힘들고, 설령 의욕적으로 일을 진행하더라고 후사가 두렵다. 상사 입에서 또 다른 말이 나올지 모르니까 말이다. 이런 상사에게서는 직원의 충성심이 생기기 힘들다. 직원은 다른 부서로 옮기길 손꼽아 고대할 뿐이다.

따라서 상사에게는 언행일치가 필수 덕목이다. 실력이 뛰어나고 스펙이 아무리 좋아도 말과 행동이 다르면 직원들의 마음을

언행이 일치하는 상사   리더십 있는 상사   방향을 제시하는 상사

| 직원이 바라는 이상적인 상사 |

얻지 못한다.

사실 언행일치를 하면 바늘과 실처럼 따라와야 하는 게 바로 솔선수범이다. 말과 행동을 일치하는 데에는 직접 자신이 행동하여 모범이 되어야 하는 것이 필수적이다. 자기에게 손해되는 일에는 몸을 사리고, 이익이 되는 것만 말하고 행동할 수 있기 때문이다. 모름지기 언행일치를 한다면, 자기에게 실이 되더라도 몸소 실천할 수 있어야 한다.

솔선수범의 중요성을 보여주는 일화를 소개한다. 사탕을 많이 먹는 아이로 인해 고민에 빠진 한 어머니가 있었다. 그 어머니는 아이가 너무 사탕을 좋아한 나머지 건강을 해칠까 봐 걱정하고 있었다. 그 어머니는 아무리 아이를 타일러도 효과가 없자 묘안을 생각했다.

'아들이 존경하는 사람의 말을 들으면 사탕을 끊을 거야.'

이렇게 해서 어머니는 그 사람에게 가서 사정을 말한 뒤, 아이를 데리고 오면 사탕이 몸에 해롭다고 말해달라고 했다. 그러자 그는 한 달 뒤에 오면 그러겠노라 했다.

한 달 뒤, 어머니가 아이를 데리고 나타났다. 그러곤 그가 아이에게 어떤 말을 하는지 기다렸다. 그는 이렇게 말했다.

"사탕을 많이 먹으면 몸에 해로우니 먹지 말거라."

이때 어머니가 왜 한 달 전에 말하지 않았냐고 물었다. 그러자 그가 대답했다.

"한 달 전에는 나도 사탕을 좋아했어요. 아이에게 사탕을 끊으라고 하기 위해선 내가 먼저 사탕을 끊어야 했습니다."

그는 솔선수범을 몸소 보여주었다. 이 인물이 바로 인도의 간디다. 위대한 스승인 간디를 만든 건 솔선수범에 있었음을 알 수 있다.

직장 상사가 이렇게 솔선수범을 할 때, 직원에게 별도의 지시, 명령이 필요치 않다. 상사가 고충을 무릅쓰고 행동으로 보여주는 것이 직원들에게 모범이 되기 때문이다. 상사가 일일이 이것 해라,

저것 해라 하지 않아도 직원들은 스스로 하나하나 실천해나간다.

　언행일치와 솔선수범은 리더의 필수불가결한 요소다. 아무리 좋은 자질을 갖춘 구성원이 모인 조직이라고 해도 리더가 수시로 책임지지 못하는 말을 남발하고, 힘든 일에서 몸을 뺀다면 그 조직은 끝장이다. 조직 구성원의 충성심과 자발성의 동력이 무엇인지 잘 기억하라!

언행일치와 솔선수범은 리더의 필수불가결한 요소다. 아무리 좋은 자질을 갖춘 구성원이 모인 조직이라고 해도 리더가 수시로 책임지지 못하는 말을 남발하고, 힘든 일에서 몸을 뺀다면 그 조직은 끝장이다.

Point

'나' 대신 '우리'를 주어로 내세워라

상사와 부하가 벽을 허물고 하나가 되게 만드는 것

H 금융회사 지점장은 친화력이 좋기로 유명했다. 당연히 그의 리더십이 잘 발휘되어 매해 전국 1, 2위를 다툴 정도로 탁월한 성과를 냈다. 항상 그는 모든 공을 직원들에게 돌렸다. 한 번도 공을 독차지한 것을 보지 못했다. 그에게 직원들과의 단합을 이끌어내는 특별한 비법이 있는지 묻자 이런 대답을 내놓았다.

"직장에서는 단합이 매우 중요합니다. 상사와 직원은 직위가 다를 뿐 한 배에 탄 것이나 다름없죠. 상사와 직원이 손과 발이 척

척 맞아야 배가 목표하는 방향으로 나가 수 있습니다. 그래서 저는 특별히 말투에 신경을 쓰고 있어요. 직원과 대화를 할 때 늘 '우리'를 주어로 해서 말을 합니다. '우리'라는 주어가 상사와 직원 사이의 벽을 허물고 하나가 되게 만들어주니까요."

이 말을 듣고 탄복했다. 그는 세심한 말투로 직원과의 결속력을 만들어내고 있었다. 실제로 유타 주립대학의 존 세이터 박사는 '우리 함께'라는 말이 상대방에게 친근감을 들게 한다고 했다. 같은 말도 '우리'라는 주어로 하면 상대방과 강한 결속력을 만들 수 있음을 알 수 있다.

흔히 직장 상사들은 높은 직급에 있다는 권위주의에 젖은 채 '나'를 주어로 말한다.

"나는 이 프로젝트를 빨리 끝냈으면 좋겠어."

"내가 이 방향을 추진하는 이유는 젊은 여성들에게 큰 호응을 얻을 수 있기 때문입니다."

이런 말은 윗사람이 아랫사람에게 고지하는 딱딱한 말투다. 이를 접한 직원은 상사에게서 마음의 벽을 느낄 수밖에 없다. 상사와 직원 사이에는 감정의 교류가 잘되려야 될 수가 없다. 그 결과로 직장에는 제대로 숨쉴 수 없을 정도로 긴장감이 감돈다.

위의 말을 '우리'를 주어로 넣어 바꾸어보면 어떨까? 그러면 그 어감이 확 달라진다.

"우리 이 프로젝트를 빨리 끝내자."

"우리가 이 방향을 추진하는 이유는 젊은 여성들에게 큰 호응을 얻을 수 있기 때문입니다."

어떤가? '우리'가 들어간 것만으로 직원들의 반응이 전혀 달리질 게 분명하다. 이 말을 들은 직원은 '우리'에 자신이 속해 있다는 점에서 상사와 동료 의식을 갖게 된다. 이에 따라 조직 구성원으로서의 책임감이 배가되기에 업무 성과가 높아진다.

특히 '우리' 주어의 화법은 업무를 독려할 때 사용하면 더 효과적이다. 급한 마음에, 조바심에 '나'를 주어로 내세워 업무 추진을 독려하는 것은 직원들에게 큰 호응을 얻지 못한다. 그 대신에 '우리'를 내세우면 직원은 내 일이라는 듯이 적극적으로 받아들인다.

다음의 '우리' 주어 화법을 참고해서 실전에 써보자.

"우리 이번 마케팅 전략 계획을 이번 주 금요일까지 완성하자."
"우리 올해에도 전국 1위 달성을 하는 거야."

Point

같은 말도 '우리'라는 주어로 하면 상대방과 강한 결속력을 만들 수 있음을 알 수 있다. 흔히 직장 상사들은 높은 직급에 있다는 권위주의에 젖은 채 '나'를 주어로 말한다.

6장

갈등과 불화를 날려버리는 대화법

상대 유형별 화해의 멘트

상대 유형에 맞는 화해의 말투가 있다

　　직장인 사이에 갈등이 생겼다면 이를 어떻게 해결하는 게 좋을까? 앞서 직장인은 4가지 성격 유형으로 나눌 수 있음을 확인했다. 이에 따르면 직장인 사이에 갈등이 생기는 건 상대 유형과 잘 맞는 대화를 하지 않았기 때문이다.

　이로 인해 직장인들이 물과 기름처럼 겉돌고, 호랑이와 곰처럼 서로 으르렁거리게 된다. 이에 대한 해법은 다른 데 있지 않다. 어긋난 채널을 다시 상대에게 맞추면 된다. 그러기 위해선 다른 성향의 상대가 호의적으로 받아들일 수 있는 화해의 말투를 선보여야 한다. 네 가지 예를 들어보자.

1. 주도형(Dominance)에게 전하는 화해의 말투

"빨리, 빨리."

"그만 됐어, 잘 알겠어."

이런 말투를 한다면 주도형 직장인이다. 이 직장인에게는 주도형에 맞추는 화해의 대화를 해야 한다. 주도형은 빠른 성과를 내고 싶어 하고, 의사 결정(결단)이 빠르다. 또한 행동지향적이기에 소뿔을 단숨에 빼는 걸 좋아한다. 이 유형과 갈등이 생겼다면, 이렇게 화해의 말투를 건네자.

"회사의 실적이 저조할까 봐 걱정이 됩니다. 그러니 우리 지금 당장 화해합시다. 당신의 결단력을 믿습니다."

주도적이고 자신감 넘치며 결단력 있는 주도형은 즉각적으로 화해를 실행한다. 절대 미적미적거리는 일이 없다. 실적을 떨어지는 걸 봐줄 수 없고, 결단력을 몸소 실천한다.

2. 사교형(Influence)에게 전하는 화해의 말투

"하하."

"우리 비밀 이야기 하나씩 해볼까?"

이렇게 잘 웃고, 속마음 말하기를 좋아하는 사람은 사교형 직장인이다. 이 직장인에게는 사교형에 부응하는 화해의 말을 건네야 한다. 사교형은 인간관계를 중시하고 낙천적이며 다소 감정적이어서 충동적인 면을 보인다. 이 유형과 갈등이 생겼다면 이렇게 화해의 멘트를 건네자.

"따뜻한 관계를 위해서 더 이상 다투지 말았으면 합니다. 우리가 투닥거리면 다른 동료들이 어떻게 볼 것 같습니까? 이제 그만 악수합시다."

'관계'라는 단어와 함께 다른 동료의 평가가 사교형에게 긍정적 자극을 준다. 따라서 사람과의 정과 교유를 좋아하는 사교형은 기꺼이 상대가 내민 화해의 손을 잡는다.

3. 안정형Steadiness)에게 전하는 화해의 말투

"…"

"가능하면 참는 게 좋죠…"

별로 말이 없고, 잘 참는 사람은 안정형 직장인이다. 이 직장인에게는 안정형에 맞는 화해의 말을 해야 한다. 안정형은 경청하기를 좋아하고, 현재 상태의 안정을 추구하며, 인내심을 가지고 있다. 이 유형과 갈등이 생겼다면 이렇게 화해의 멘트를 날리자.

"우리 원래의 안정된 상태로 돌아가기로 해요. 힘들더라도 인내심을 갖고 화해하자고요."

'안정된 상태', '인내심'이라는 단어가 긍정적 자극을 준다. 안정형은 안정과 인내를 좋아한다. 이 말을 들은 안정형은 마음의 앙금을 푼다.

4. 신중형(Conscientiousness)에게 전하는 화해의 말투

"내가 당신과 맞는 점과 안 맞는 점을 비교해볼까요?"

"자세히 당신을 분석해봤는데 영 당신 안 되겠어요."

장단점 비교, 분석을 좋아하는 사람은 신중형 직장인이다. 이 직장인에게 신중형에 맞는 화해의 말을 건네야 한다.

신중형은 말하기보다 질문을 좋아하고, 정확하고 치밀한 데이터를 중시한다. 분석적이고 합리적이다. 이 유형과 갈등이 생겼다면 이렇게 화해의 멘트를 날리자.

"우리가 사이가 안 좋은 결과, 업무에 미치는 손실에 대해 구체적인 데이터를 내봤습니다. 이 자료를 꼼꼼하게 보면 우리의 갈등이 업무에 매우 안 좋다는 걸 알 수 있습니다."

'데이터', '꼼꼼하게'라는 단어가 신중형에게 긍정적 자극을 준다. 매사에 분석적이고 세부적으로 신경을 많이 쓰는 신중형은 데이터를 보고 나서 상대와 화해하기로 결정한다.

Point

다른 성향의 상대가 호의적으로 받아들일 수 있는 화해의 말투를 선보여야 한다.

세대 갈등 없애는 대화법

신입 직원들은 조직 문화를 몰라도 너무 몰라!

　　　　　　"신입 직원들이 너무 개인주의적이라서 힘드네요. 조직 문화를 몰라도 너무 몰라요."

　기업체에 소통 강의를 나갈 때마다 접하는 말들이다. 소통 강사를 섭외하는 건 회사 간부다 보니, 주로 상사의 고충을 많이 듣는다. 젊은 직원들과 자주 마찰이 생기고, 젊은 직원과의 갈등 때문에 힘들다고 한다. 간부의 얘기만 들으면 젊은 직원들에게 문제가 있는 듯하다.

　사실은 그렇지 않다. 강의 전후 상담 시간에 젊은 직원은 이런 고민을 털어놓는다.

"부장님 때문에 너무 미치겠어요. 사사건건 멋대로 행동한다고 지적질이에요."

따라서 젊은 직원에게만 문제가 있는 것도 아니고, 역으로 오로지 상사의 탓이라고 볼 수도 없다. 엄연히 이는 직장 내 세대 차이로 인해 생긴 문제다. 상사, 젊은 직원 그 누구의 책임이 아니라는 말이다.

상사와 젊은 직원의 직장 생활과 가치관은 너무 다르다. 대학내일20대연구소는 사원 대리급인 '1934세대'와 과장 이상급인 '3549세대'의 차이에 대해 이렇게 조사 결과를 밝혔다.

세대	'1934세대'	'3549세대'
적절한 직장 생활 근무 기간	5년	평생
선호하는 팀 분위기	개인 존중	가족처럼
선호하는 상사 유형	서번트형	관계 중시형

이렇듯 젊은 직장인과 기성 직장인의 차이가 뚜렷하다. 젊은 직장인은 한 직장에 오래 얽매이는 걸 원하지 않고 개인 주도의 업무를 선호하며 회식을 원치 않는다. 그리고 자신의 의견을 잘 경청하고 소통하는 리더를 원한다. 이에 반해 기성 직장인은 한 직

216

장에 오래 근무하길 바라고 협업을 선호하며 팀워크를 위해 회식을 중시한다. 이와 함께 공동체를 강조한다.

그 결과 직장 내 세대 차이 문제가 왕왕 생기고 있다. 자칫 회사 조직에 대한 결속력이 떨어지고, 이는 생산성과 실적 저하로 직결될 수 있다. 따라서 이를 지혜롭게 대처해야 한다. 세대 차이로 인해 갈등이 생겼을 때 해결할 수 있는 대화법 두 가지를 알아보자.

우선 욱하는 감정을 자제하지 못한 채 상대에게 상처 주는 말을 내뱉지 말아야 한다. 인격을 모독하는 말, 심한 욕설과 폭언은 일을 더 악화하게 만든다. 따라서 세대 차이로 인해 갈등 상황이 발생하면 감정을 제어하는 게 우선이다. 마음속으로 10을 세면서 호흡을 길게 내쉬면 도움이 된다.

다음은 고정관념을 버리고, 차이를 존중하는 말을 해야 한다. 젊은 세대는 게으르고 열정이 없다고 규정짓거나 직장 상사는 꼰대이고 일만 시킨다고 규정지으면 안 된다. 실제로 젊은 세대 중에 열정적으로 일하는 사람이 있고, 기성세대 가운데 잘 소통하는 사람이 있다.

따라서 역지사지의 차원에서 이런 말을 하는 게 좋다. "○○ 씨 입장에서 생각해보니…" 갈등으로 인해 심한 심리적 고통을 받는 사람들이 심리학적 치료의 방편으로 역할극을 하는 걸 볼 수 있다. 서로 입장을 바꿔 연기를 하다 보면 눈 녹듯이 갈등의 감정이 사라진다.

"○○ 사원의 입장에서 생각해보니 이해가 됩니다. 내가 그걸 미처 몰랐네요. 우리 서로 소통하면서 지내봅시다." (상사가 직원에게)

"부장님 입장에서 생각해보니 우리가 너무 감정적으로 대응한 것 같아요." (직원이 상사에게)

젊은 직원에게만 문제 있는 것도 아니고, 역으로 오로지 상사의 탓이라고 볼 수도 없다. 엄연히 이는 직장 내 세대 차이로 인해 생긴 문제다. 상사, 젊은 직원 그 누구의 책임이 아니라는 말이다.

Point

꼰대 상사와의 불화를 해결하려면

꼰대 상사 때문에 퇴사를 고려한다면?

　　　　직장인들은 직장 생활에서 상사 때문에 가장 큰 스트레스를 받는다. 업무, 동료 관계에 아무 문제가 없어도 상사로 인한 스트레스가 심하면 퇴직을 결심하기도 한다. 직장인이 인내심이 부족해서 쉽사리 퇴직을 고려하는 걸까? 그렇지 않다. 한 통계에 따르면 직장 상사의 부당한 처우로 인해 심리적 압박이 생기면 근무 의욕이 크게 떨어진다고 한다.

　직장인들이 상종하기 싫어서 퇴직까지 고려하게 만드는 상사는 과연 어떤 사람을 말하는 걸까? 이는 요즘 자주 접하는 말에서 알 수 있다. 바로 '꼰대 상사'다.

꼰대 상사는 나이, 직위, 경험을 내세우면서 타인에게 일방적이고 권위적인 행동을 하는 사람을 말한다. 회원 750명 대상으로 한 인크루트의 설문 조사에 따르면, 응답자는 자신의 직장 내에 꼰대가 있다고 밝혔으며, 이들이 응답한 꼰대 유형은 다음과 같다. 순위대로 살펴보자.

1. 답정너형(23%)
이는 회의 시간에 의견을 물은 후, 자신의 주장을 강요하는 상사다. 이 상사는 자기 고집의 답을 정하고 있다.

2. 상명하복형(20%)
군대처럼 명령한 후 복종을 요구하는 상사다.

3. 전지전능형(16%)
"내가 다 알아", "내가 경험해봐서 아는데" 이런 말을 하는 상사다.

4. 무배려, 무매너형(13%)
거칠게 일을 시키고, 회식에서도 종 부리듯하는 상사다.

5. 분노조절 장애형(10%)

일단 화났다 하면 물불 안 가리고 마구 폭언을 쏟아놓는 상사다.

6 반말형(9%)

다짜고짜 기분 나쁘게 반말을 하는 상사다.

바로 앞의 여섯 유형의 상사가 꼰대 상사다. 유형을 죽 나열하는 것만으로 숨통이 턱턱 막힐 듯하다. 이런 꼰대 상사와 대체 어떻게 직장 생활을 할 수 있단 말인가? 매번 감정이 상하고, 상사와 갈등이 생길 게 불 보듯 뻔하다. 꼰대 상사와 회의할 때, 업무 보고를 할 때, 회식할 때, 질책을 받을 때 당장이라도 사표를 쓰고 싶어질 수밖에 없다.

그런데 정작 꼰대 상사는 직원과의 갈등이 생기면 이를 전적으로 직원의 탓으로 돌린다. 자신은 직위가 높은데 밑에 있는 직원이 잘 따르지 못했다고 보기 때문이다. 결국 직장 내에서 꼰대 상사와 직원과의 갈등의 골은 점점 깊어지게 된다. 이를 어떻게 대처해야 할까?

2006년 취업포털 잡링크의 설문 조사에 따르면, 상당수는 상사와의 갈등을 혼자 삭이거나 동료와의 뒷담화로 회피한다고 나타났다. 적극적으로 해결하는 경우는 식사 자리 같은 인간적으로 대화할 수 있는 자리를 만들거나(32.4%) 회의나 면담 요청 등 업무적으로 해결한다고(9.5%) 나타났다.

일반 직장인이 꼰대 상사와 갈등을 해결하는 대화법을 멀리서 찾을 필요가 없다. 위에서 나온 두 가지다.

첫째는 식사 자리를 제안하면서 인간적인 대화를 하는 것이다.

"팀장님, 고민이 있어서 그런데요. 오늘 저녁에 회사 앞에서 식사하면서 이야기하고 싶습니다. 어떠신지요?"

이렇게 운을 뗀 후, 인간적인 이야기를 털어놓자.

"솔직히 정말 힘듭니다. 저도 시간이 지나면 상사가 될 입장인 것을 잘 알지만 요즘 감정을 주체하기 힘듭니다. 왜 그러냐면 팀장님께서 습관적으로 … 해서요."

둘째는 회의, 면담 요청이다. 한가한 시간에 상사에게 회의와 면담을 하자고 해서 이렇게 말하면 된다.

"부장님, 직원들의 고충을 말씀드리고자 합니다. 그 고충으로 인해 저희의 업무 의욕이 많이 떨어지고 있습니다. 그 고충은 다름 아니라 부장님과 직원의 불통입니다. 구체적으로 불통의 원인을 말씀드리면 부장님의 … 때문입니다."

이렇게 직원이 진정성을 갖고 갈등 해결을 위해 노력하면, 어지간한 꼰대 상사도 고개를 끄덕이기 마련이다. 그래도 안 된다면? 그 경우는 꿩꼰(꿩장한 꼰대)이기 때문이다. 이때 해결 방법은 대다수 직장인이 그런 것처럼 퇴직을 고려할 수밖에 없지 않을까?

Point

직원이 진정성을 갖고 갈등 해결을 위해 노력하면, 어지간한 꼰대 상사도 고개를 끄덕이기 마련이다.

무례한 동료를 친구로 대하기

골치 아픈 동료와 잘 지낼 수 있는 방법

"같은 팀에 있는 동료와 사사건건 부딪혀서 너무 힘듭니다."

"꿈속에도 그 무례한 동료가 나타나 미칠 것 같아요."

한 회사 동료와의 마찰 때문에 생긴 고민이다. 이런 일은 비일비재하다. 한 동료가 아무리 이해하려고 해도, 뻔뻔하게 나오는 동료가 있다. 자신은 아무 잘못이 없다는 듯이 계속해서 멋대로 군다.

예를 들어보자. 바로 옆자리에 있는 무례한 그 동료는 시도 때도 없이 큰 목소리로 전화를 한다. 업무 전화는 그렇다 쳐도, 여자 친구와의 시시콜콜한 이야기도 큰 목소리로 전화한다. 게다가 자기 자리 청소도 잘 안 해서 바닥이 먼지투성이다. 회의 때는 또 어떤가? 툭하면 다른 동료를 대놓고 무시하기 일쑤다.

"내가 미국 Y대에서 공부해봐서 아는데 이 문제의 핵심은 다른 데 있다고 봐요. 아무래도 국내 대학 출신은 우물 안 개구리의 시각을 벗어나지 못해서 그걸 간파하지 못한다고 봅니다. 정말 답답하네요. 국내 대학에서는 뭘 배우는지 모르겠네요."

이 말을 자주 접하는 동료의 기분은 어떨까? 그의 얼굴만 봐도 밥맛이 뚝 떨어진다. 사실 업무 면에서도 그렇게 탁월하다고 볼 수 없다. 그 무례한 동료는 사내 정치에는 누구보다 앞장선다. 확실하게 자신을 키워줄 상사의 인맥을 잡기 위해 로비하는 데 열중이다.

게다가 사적인 자리에서는 늘 자기보다 실적이 좋은 동료를 욕하거나 비하한다. 이렇게 무례한 동료는 늘 다른 동료와 언쟁을 일삼는다. 절대 자신이 틀렸다거나 잘못했다는 말을 하지 않는다. 과연 이런 골치 아픈 동료와 잘 지낼 수 있는 방법이 있을까?

갈등을 일삼는 무례한 동료와의 대화법은 세 가지다.

첫째, 그를 멀리하여 상종하지 말라. MIT대 경영학과의 토머스

앨런 교수에 따르면, 6피트(약 2미터) 거리에 앉은 동료와의 대화 시간은 60피트(약 20미터) 거리에 앉은 동료와의 대화 시간에 비해 4배 많다고 한다. 따라서 지근거리에 있을수록 무례한 동료와 앙앙거릴 가능성이 매우 높다. 따라서 해결책은 그가 보이지 않는 먼 거리로 자리를 옮기는 것이다. 먼 자리 배치, 더 나아가 다른 부서 이동을 고려할 만하다.

둘째, 천천히 대응하라. 그와 상종하는 걸 피할 수 없다면 이 방법을 차선책으로 사용하면 된다. 늘 갈등을 일으키는 동료는 자신의 뻔뻔한 행동을 인지할 가능성이 높다. 그는 갈등으로 인해 생긴 상대의 스트레스, 분노를 너무나 잘 알고 있으며, 그것을 통해 비틀어진 쾌락 호르몬을 맛본다. 그 무례한 동료는 동료와의 화합과 우애를 통해 세로토닌이 생기는 것이 아니라 그 반대다.

따라서 그가 갈등을 일으키는 행동을 할 때 즉각적인 반응을 자제하라. 그는 그것을 먹잇감으로 기다리고 있기 때문이다. 그 대신 수시간 또는 며칠 지나서 그에 대해 반응하라. 그러면 그 무례한 동료는 동료를 화나게 하는 것에서 오는 흥미가 줄어들게 되며, 이에 따라 동료와 마찰을 일으키는 행동 횟수를 줄이게 된다.

셋째, 벤저민 프랭클린 효과를 이용하라. 이는 '인지적 부조화'라는 심리 법칙에 근거한 것으로 매우 과학적인 방법이다. 미국의 정치가 벤저민 프랭클린이 정적을 친구로 만들 때 이를 사용했다. 그는 정적 국회의원과의 관계 정상화를 위해 고민한 끝에 그에게 희귀한 책을 빌려달라고 부탁했다. 그러자 정적은 예상과 달리 그에게 책을 빌려주었고, 이를 계기로 둘은 좋은 관계로 변했다.

따라서 갈등을 일삼는 그 무례한 동료에게 이렇게 말해보라.

"이봐, 친구! 내가 국내 자료를 구하지 못해서 그러는데 X 마케팅에 관한 원서를 빌려줄 수 있겠나?"
"이번 주말에 가족이 캠핑을 가기로 했는데 보관해둔 텐트가 다 망가졌더라고. 텐트를 빌려주면 고맙겠네."

Point

갈등을 일삼는 무례한 동료와의 대화법은 세 가지다. 첫째, 그를 멀리하여 상종하지 말라. 둘째, 천천히 대응하라. 셋째, 벤저민 프랭클린 효과를 이용하라.

화내지 않고 불통 직원 대처하는 법

역방향 플레이 전략이란?

"직원 때문에 골치 아파서 다 때려치우고 싶습니다."

"말 안 듣는 직원들이 회사 분위기를 망치고 있습니다."

직원으로 인해 고민이 생긴 직장 상사다. 의외로 이런 사람들이 적지 않다. 일반 직원들이 상사 때문에 스트레스를 받는 만큼 상사들이 직원으로 인해 스트레스를 받는 경우가 비일비재하다. 상사가 특히 괴로워하는 직원 유형이 있다.

실실 웃으며 비위를 맞추는 아첨꾼형, 대책 없는 무능형, 이기주의형, 게으른 베짱이형, 따박따박 말대꾸형 등이다. 이 가운데

2014년 잡코리아의 설문 조사에 따르면, 상사들이 뽑은 공포스러운 부하 직원 두 유형은 따박따박 말대꾸하는 직원(21.2%), 하루에 끝날 일을 일주일째 쌓아두는 천하태평형 직원(19.70%)이다.

직장 상사들은 별별 방법으로 그들과 소통을 시도한다. 사실 말만 잘 통하고 진심 어린 대화가 이루어진다면, 그들은 자신을 되돌아보고 그릇된 행동을 시정한다. 회사 직원들은 회사 입사 시 우수한 자질과 반듯한 인성을 검증받았다. 자질도 없고 인성에 큰 결함이 있는 직원을 뽑을 회사는 단 한 곳도 없다. 따라서 소통 단절로 인해 제멋대로인 직원들이 동료 의식을 갖고 또 상사의 말을 잘 듣는 직원으로 돌아가는 게 전혀 불가능한 일이 아니다. 원래 그들은 모범적인 직원으로 조금도 부족함이 없는 사람이었다는 점을 상기할 필요가 있다.

따라서 위협, 당근 주기, 지적은 아무 쓸모가 없다. 오히려 게으르고 말 안 듣는 직원을 더더욱 제멋대로 행동하게 만든다.

"자꾸 이런 식이면 해고할 거야!"

"성과급을 줄 테니 잘해봐."

"또 시정하지 않고 예전 그대로네. 문제 행동이 뭐냐 하면…."

이런 식의 대화가 효과적이라고 입증하는 자료는 하나도 없다. 보다 과학적인 근거를 가진 대화법으로 소통을 하는 게 요구된다. 따라서 '커뮤니케이션의 마키아벨리'라는 불리는 정신과 의사 마크 고울스톤의 《뱀의 뇌에게 말을 걸지 마라》를 참고하는 게 좋다. 이에 따르면 게으르고 또 말 듣지 않는 직원에게는 '역방향 플레이' 전략이 소통에 효과적이라고 한다. 마크 고울스톤은 이 전략이 변화가 가능한 사람들에게만 효과가 있다고 하면서 이렇게 말했다.

역방행 플레이 전략은 고집 센 부하 직원이나 친구의 마음을 누그러뜨리고 그들에게 다시 동기를 부여하는 데 사용할 수 있을뿐더러, 당신 스스로가 망쳐놓은 관계를 회복하는 데도 사용할 수 있다.

그가 제시한 '역방향 플레이 전략'은 다음과 같은데, 이는 곧 대화법과 같다.

1. 상대에게 10분간 대화하자고 청하라
2. 기다리는 동안 오히려 상사가 직원을 실망시켰을 법한 일 세 가지를 생각하라
3. 직원을 만나면, 그에게 그 세 가지를 말하라
4. 그 세 가지를 확인하고, 그로 인한 직원의 마음을 위로하라
5. 앞으로 다시는 그런 일이 없을 거라고 약속하라
6. 아무 말도 하지 말라

이 전략이 효과적인 이유가 뭘까? 화내기보다 친절하고 관용적으로 소통하는 상사에게 직원이 존경심을 갖게 된다. 일단 상사에게 존경심을 갖게 된 직원은 상사를 실망시키지 않기 위해 걱정을 한다. 이에 따라 게으르고 말 안 듣는 직원은 착실하게 업무를 하고 상사의 말을 잘 따르게 된다.

Point

화내기보다 친절하고 관용적으로 소통하는 상사에게 직원이 존경심을 갖게 된다. 일단 상사에게 존경심을 갖게 된 직원은 상사를 실망시키지 않기 위해 걱정을 한다.

의견 대립 시 효과적인 대화법은?

의견 대립 해결의 퍼즐을 맞춰라

　　　　　직장에는 상이한 정치관과 성격을 가진 사람들이 모여 있다. 정치관만 해도 어떤 직장인은 진보적 견해를, 어떤 직장인은 보수적 견해를 가지고 있다. 이게 직장에서는 큰 문제가 되지 않을 거라고 보면 오산이다. 미국의 웨이크필드 리서치와 성과 관리 소프트웨어 기업 베터웍스가 500여 명의 직장인을 대상으로 한 설문 조사에 따르면, 정치관이 직장 분위기에 영향을 미친다고 밝혔다. 이에 따르면 응답자의 절반가량이 정치 관련 대화가 말싸움으로 이어졌다고 한다. 따라서 베터웍스 대표 크리스 더간은 이렇게 말했다.

"직장인들이 정치 뉴스와 담론을 형성하면서도 여전히 일에 집중하고 생산성을 유지할 수 있도록 균형을 유지하는 것이 비즈니스 경영자의 중요한 과제가 되었다."

사실 정치와 관련한 대화 때만 그런 게 아니고 업무 진행에까지 정치관이 영향을 미친다. 가령 회의에서 한 건의 프로젝트에 대한 결정을 내릴 때만 해도 그렇다.

진보적 정치관을 가진 직원은 보다 진취적으로 프로젝트를 진행하기를 희망하는 반면, 보수적 정치관을 가진 직원은 조심스럽게 프로젝트를 진행하길 바란다. 이 둘 사이에 견해 차이를 좁히기는 매우 힘들다.

심하면 성격도 동료 간의 대립을 일으킨다. 성격에 따라 회사 업무에 대한 호감도와 평가가 다르다. 어떤 직원은 한 프로젝트에 호감을 갖고 긍정적으로 평가하는 반면, 어떤 직원은 한 프로젝트에 별 흥미를 못 느끼고 부정적으로 바라볼 수 있다.

이렇듯 다양한 사람들이 모여 있다 보니, 직장 내 의견 대립이 시도 때도 없이 생긴다. 직장 생활의 사소한 영역에서 생기는 의견 대립은 크게 문제시할 필요가 없다. 하지만 중대한 사안에 대한 회의 때 성격에서 오는 의견 대립은 문제가 아닐 수 없다. 회사의 운명이 걸린 중차대한 사안에 대해 견해 차이를 좁히지 않으면 회사 입장에서는 매우 곤혹스러울 수밖에 없다. 이는 마치 두 명의 사공이 아옹다옹하는 바람에 배가 어느 쪽으로 가야 할지 갈피를 못 잡는 상황과 같다.

그렇다면 어떤 대화법으로 이러한 직장 내 의견 대립을 해결할 수 있을까?《관계의 심리학》의 사회심리학자 이철우에 따르면, 직장 내 의견 대립 시 생기는 직원 유형은 다섯 가지라고 한다.

1. 타협형

"타협할 수 있는 방안을 찾아봅시다"라고 하면서 절충점을 찾는 유형이다.

2. 유화형

"자네 의견에도 일리가 있어"라고 하면서 자신의 입장을 양보하는 유형이다.

3. 고집형

"절대 양보할 수 없어요"라고 하면서 자기주장을 내세우는 유형이다.

4. 문제 직시형

"자네 생각을 더 듣고 싶네"라고 하면서 차이점에 대해 토론하면서 해법을 찾는 유형이다.

5. 회피형

"시간이 해결해줄 겁니다"라고 하면서 방관하는 유형이다.

이 가운데에서 의견 대립을 해결하는 유형이 있다. 이철우에 따르면 문제 직시형과 유화형이라고 한다. 직장 내 중요한 사안을 결정할 때 심각한 의견 대립이 생긴다면, 문제를 직시하고 유화적인 대화법을 구사하는 게 좋다.

"우리 의견 대립의 차이점을 자세히 알아보고 싶네."(문제 직시형 대화법)
"내 의견만 고집하지 않겠어."(유화형 대화법)

Point

직장 내 중요한 사안을 결정할 때 심각한 의견 대립이 생긴다면, 문제를 직시하고 유화적인 대화법을 구사하는 게 좋다.

공감을 위해 버려야 할 나쁜 말 습관 5가지

갈등 해결에 진전이 보이지 않는 사람들의 공통점은?

기업체, 대학교, 공공기관 등에서 조직 소통 대화법을 강의해왔다. 이때 중요하게 다루는 게 갈등 해결 대화법이다. 일반적으로 공감을 매개로 한 대화를 하면 웬만한 구성원 간의 갈등이 해소되는 걸 확인할 수 있었다.

사실 많은 직장인들이 '공감의 대화법'을 모르지 않는다. 그런데도 동료, 상사, 부하 직원과의 대화에서 그것을 빼먹는 통에 크고 작은 갈등의 씨앗이 생기고 있다. 그러면 어떤 이유에서 이런 일이 발생하는 걸까?

이 궁금증을 풀기 위해 갈등으로 고민이 있는 사람들과 인터뷰를 진행했다.

"나와 갈등 상황이 생겼다고 합시다. 평소의 말 습관으로 갈등을 풀어가 보세요."

대상에 따라 구체적으로 갈등 상황을 알려주고, 상대의 갈등 해결 대화를 유심히 관찰해보았다. 그러자 새로운 사실을 발견했다. 아무리 노력해도 갈등 해결에 진전이 보이지 않는 사람들이 가지고 있는 공통점은 바로 공감을 저해하는 말투였다. 머리로는 갈등 상대에게 공감해야 한다고 생각하지만 말투는 전혀 다른 길을 가고 있는 셈이다.

갈등의 상대와 더욱 감정의 골을 깊게 만드는 말하기는 다섯 가지다. 아무리 말로 "당신을 배려한다", "이해하려고 노력한다", "합의점을 도출해보자"라고 하더라도 이 다섯 가지 말투로 인해 상대는 벽을 절감하고 만다. 갈등의 상대와 진정한 공감을 도출하기 위해서는 반드시 나쁜 말 습관 다섯 가지를 삼가야 한다. 피해야 할 말투 다섯 가지는 다음과 같다.

첫째, 충고하기다. 상사가 직원에게 주로 하는 말이다. 직위가 높고 경륜이 많기에 당연히 상대에게 도움이 되라고 충고하게 된다. 하지만 이는 갈등 상황에서는 전혀 도움이 되지 않는다. 직원 입

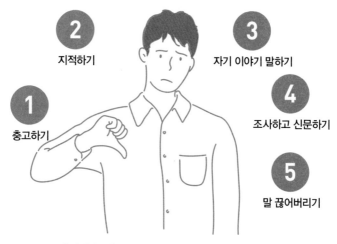

| 감정의 골을 깊게 만드는 나쁜 말 습관 다섯 가지 |

장이 되어보라. 직원은 충고하는 상사와 선뜻 갈등을 봉합하려고 하지 않는다. 예를 들면 이렇다.

"이번 문제 대응은 이렇게 했어야 했지."

"한마디만 하자면 자네에게 필요한 건 정신 자세야."

둘째. 지적하기. 상사가 직원에게, 또 잘난 체하는 동료가 동료에게 주로 하는 말이다. 이런 말은 상대의 잘못을 꼬집기 때문에 상대의 감정을 상하게 만든다. 이 또한 갈등 상황을 해결할 때에는 피해야 한다. 예를 들면 이렇다.

"그 판단이 틀렸어."

"잘못 생각하고 있는 것 같은데, 내가 오해한 게 아니라 자네가 오해하는 거야."

셋째, 자기 이야기 말하기다. 갈등 해결을 위해 노력한다면 상대의 말을 보다 많이 경청하고 마음으로 수긍해야 한다. 그런데 상대의 말을 듣자마자, 자기 이야기를 꺼낸다면 상대는 기분이 상한다. 예로 들면 이렇다.

"나도 늘 스트레스에 시달린다고."

"나는 자네보다 더한 악조건에서 업무를 했었어."

넷째, 조사하고 신문하기다. 상대를 감정적으로 모독하는 말투다. 따라서 일대일 입장을 부정하는 말투다. 누구는 형사처럼 되고, 누구는 죄인처럼 되어서 대화를 하는 건 갈등을 더 악화시킬 뿐이다.

"그 프로젝트를 할 때 왜 그랬어?"

"그 일을 저질렀을 때 딴 마음을 가지고 있었지?"

다섯째, 말 끊어버리기다. 이런 말투로는 절대 화해 분위기를 조성할 수 없다. 오히려 갈등이 심화될 때 주로 이런 말투가 자주 튀어나온다. 대화를 하고 싶지 않고, 상대를 인정하고 싶지 않으니 이런 말투를 하게 된다. 이 말투는 미련 없이 버려야 한다.

"됐어, 됐다고."

"알았으니까 이젠 그만해."

아무리 노력해도 갈등 해결에 진전이 보이지 않는 사람들이 가지고 있는 공통점은 바로 공감을 저해하는 말투였다. 머리로는 갈등 상대에게 공감해야 한다고 생각하지만 말투는 전혀 다른 길을 가고 있는 셈이다.

Point

헛소문 내는 동료와는?

헛소문을 대하는 우리의 자세

　　　　　헛소문 때문에 직장 내 갈등이 자주 생
긴다. 직장은 인간 사회의 축소판이기 때문이다. 다양한 성향과
인격 그리고 각기 다른 업무 자질을 가진 사람들이 모여 있다 보
면, 어김없이 서로 시기하고 질투하는 직원들이 생긴다.

　매번 업무 실적이 1등인 직원은 흠모의 대상이기도 하지만 질
투로 가득한 뒷담화의 대상이기도 하다. 그래서 일부 열등감을
가진 직원들은 끼리끼리 모여 이런 뒷담화를 하곤 한다.

　"저 친구가 이번 평가에서도 1등이야. 일할 때 보면 슬렁슬렁하
던데 결과를 보면 매번 최고야. 이상하단 말이야. 저 친구 혹시 위

쪽에 라인이 있는 거 아냐?"

"빛이 있으면 어둠이 있다고 저 친구 일을 잘할지 몰라도 여자 관계가 추잡하다고 그러더라고."

"그럼 그렇지, 느낌이 별로라서 이상하다 했지. 상종하지 말자고."

물론 모든 직원이 다 이렇지는 않을 거다. 하지만 보편적인 인간 심리가 이렇다는 건 이해하고도 남는다. 문제는 이것으로 끝나지 않는다는 데 있다. 허위 사실에 근거한 뒷담화가 직원을 통해 소문으로 전해지면 당사자는 매우 곤혹스러울 수밖에 없다. 상당수 직장인들은 그게 헛소문인지 확인할 의사도 없다. 그 소문을 진실인 것처럼 마구 퍼나른다.

이때 소문은 원래 크기 그대로 전달되는 법이 없다. 예전의 것보다 크기가 더 커진다. 소문을 전달하는 직원들이 조금씩 과장을 보태기 때문이다. 이렇게 해서 소문이 돌고 돌아서 당사자의 귀에 돌아올 때쯤에는 피가 거꾸로 솟구치게 된다.

일부 여성 직원의 경우는 외모가 뒷담화의 소재가 된다. 유난히 튀는 외모를 가진 여직원이 있는 직장에서는 심심치 않게 시기 어린 뒷담화가 생긴다. 여성 직원들 몇 명이 모여 이런 말을 한다.

"○○ 씨 있잖아. 성형을 다섯 군데나 했다고 하더라고."

"그럼 그렇지. 코가 그렇게 오뚝할 수 있냐고? 그건 그렇고 ○○

씨가 부장님에게 꼬리 치는 꼴 못 봐주겠다라고."

"그러게 말이에요. 꼴불견이에요."

물론 이게 흔한 일이라고 볼 수 없다. 일부 생길 수 있는 일이다. 하지만 이 역시 소문이 되어 허위 사실이 진실인 것처럼 직장에 떠돈다. 이 소문을 접한 당사자는 치를 떨게 된다.

헛소문을 내는 대표적인 두 케이스를 예로 들어보았다. 이외에도 여러 가지 이유에서 직장 동료에 대해 안 좋은 소문을 내는 경우가 많다. 이게 문제가 되는 이유는 이 헛소문으로 인해 조직의 결속력이 떨어지고 헛소문의 당사자가 속으로 분통을 터뜨리게 되기 때문이다. 기회만 되면 상대를 공격하려 할 뿐 서로 도와주고 배려할 생각이 사라진다.

따라서 헛소문의 당사자가 이에 적극적으로 대처해야 한다. 잘못된 소문을 접하는 즉시 방관하지 말고 소문이 허위임을 분명히 밝혀야 한다.

"절대 그런 일이 없습니다."

그러곤 그 허위 사실을 유포하지 말라고 요청해야 한다. 이와 함께, 그 소문을 처음 유포한 직원, 즉 처음 뒷담화를 한 직원을 찾아내야 한다. 그를 찾아낸다면 헛소문을 낸 이유를 묻고, 그 책임을 물을 것이라고 경고해야 한다.

"왜 허위 사실을 유포하십니까? 이유가 뭡니까? 그 책임을 질수 있습니까? 앞으로는 절대 그런 일을 하지 마세요."

이 뒤를 이은 마지막 말이 중요하다. 다신 안 볼 사이가 아닌데 이대로 끝나면 그 동료와 제대로 화해를 하지 못하게 된다. 마지막으로는 이 말을 하는 게 좋다.

"어쨌거나 우린 한솥밥 먹는 식구니까 앞으로 자주 대화를 해봅시다. 허심탄회하게 대화를 하다 보면 오해와 묵은 감정이 풀릴 겁니다."

> 헛소문의 당사자가 이에 적극적으로 대처해야 한다. 잘못된 소문을 접하는 즉시 방관하지 말고 소문이 허위임을 분명히 밝혀야 한다.

Point

갈등 해결에는 '레테르 효과'를

상대를 긍정적으로 규정하라

"한 팀의 동료와 매번 부딪히게 되네요. 그와 잘 지내고 싶은데 어떡하죠?"

"갈등이 생긴 다른 팀장과 회의를 하기로 되어 있습니다. 어떻게 말을 해야 상대와의 관계가 회복될까요?"

직장 동료와의 갈등 때문에 생긴 고민이다. 이들은 갈등을 외면하거나, 상대의 탓으로 돌리지 않는다. 다시금 관계 회복을 희망하고 있다. 이럴 경우 과연 어떤 말을 해야 냉각 기류가 흐르는 관계가 원래대로 훈훈한 관계로 바뀔 수 있을까?

이처럼 갈등을 해결하려는 의지가 있는 사람에게는 좋은 대화법 처방이 있다. 상담을 요청하는 직장인들에게 이렇게 말한다.

"그 어떤 대화법으로도 단번에 갈등이 해소되기는 힘듭니다. 그렇다고 갈등을 해결하는 데 효과적인 대화법이 없는 게 아닙니다. 가장 추천하고 싶은 건 바로 상대를 긍정적으로 규정하라는 것입니다. 안 좋은 감정 때문에 그를 부정적으로 규정하기 마련인데, 이 때문에 또다시 갈등이 반복됩니다. 마음을 다잡고, 그를 '따뜻한 인상이군요', '친절하시군요'라고 호의적인 말로 규정해보세요. 그러면 상대가 그 말처럼 변하여 호의적으로 대하게 됩니다."

이게 정말 효과가 있을까? 의구심을 갖는 사람이 있을 줄 안다. 의외로 매우 효과적이다. 이는 심리학의 레테르 효과(Letter effect)를 활용했기 때문이다. 이 효과는 상대에게 자신이 긍정적으로 기대하는 말을 하면, 상대가 그에 따르는 행동을 하게 되는 현상이다.

레테르(Letter)는 라벨에서 나온 말이다. 상품에 붙어 있는 작은 종이나 헝겊 조각으로 상품에 대한 설명이나 사용 방법, 유의사항을 적어놓은 것을 말한다. 일종의 이름표다. 상품을 사는 소비자는 이 라벨을 보고 상품에 대한 정보를 얻는다. 따라서 상품을 파는 회사 쪽에서는 고객이 상품을 구매할 수 있도록 라벨을 잘 이용한다. 라벨에 고객의 시선을 잡아끌고 지갑을 열 수 있는 정보를 적어놓은 것이다.

이처럼 라벨은 고객을 원하는 대로 유도하는 데 효과적인 도구다. 바로 여기에서 착안해 레테르 효과라는 심리 법칙이 만들어졌다. 실제 예를 살펴보자. 리처드 밀러, 필립 브릭먼, 다이애나 볼런은 공동 연구에서 시카고 초등학교 5학년 학생을 대상으로 실험을 했다. 쓰레기를 버리는 학생들의 행동을 바꾸기 위해 학생들을 긍정적인 말로 규정했다.

"너희들은 깨끗한 학생이야."

그러자 학생들이 쓰레기를 함부로 버리지 않고, 쓰레기통에 버렸다.

따라서 레테르 효과는 직장에서 갈등이 생겼을 때 효과적인 대화법으로 활용할 수 있다. 한 프로젝트를 진행하면서 한 팀이 구성되었는데, 자신과 잘 맞지 않는 동료가 있다고 하자. 자주 부딪히다 보니 감정의 골이 깊어졌다. 그러면 상대를 부정적으로 규정하기 마련이다.

'저 자식은 인간성이 되먹지 않았어.'

그와 갈등을 해결하려면 이 규정을 버리고, 긍정적인 규정을 해야 한다. 마음속으로 하는 건 무의미하다. 그와 마주쳤을 때 웃는 얼굴로 이렇게 말하면 그는 이 말대로 변하고, 결국 관계가 몰라보게 좋아진다.

"자네, 참 매너가 좋네."
"자네, 상대를 배려하는 모습이 멋지네."

사이가 좋지 않은 상사나 동료와 회의를 할 때도 이런 멘트로
상대를 긍정적으로 규정하면, 상대는 그렇게 행동한다.

"인상이 선해 보입니다."
"성격이 화통하시네요.

Point

레테르 효과는 직장에서 갈등이 생겼을 때 효과적인 대화
법으로 활용할 수 있다.

7장

승진과 출세를 위한 셀프 대화법

거울 앞에서 외쳐라

떨려서 말을 잘 못할 때

"저는 너무 떨려서 발표력이 부족한 게 고민입니다."

"아는 사람들과는 말을 잘하는데 처음 만난 사람들과는 대화를 잘 못해요."

신입 직장인들의 말하기에 대한 고민이다. 이처럼 말하기에 두려움을 갖고 있는 분들을 만나 보면 이들 중 상당수에게 공통점을 발견할 수 있다. 단지 말에만 문제가 있는 게 아니었다. 말을 잘 못하는 데에는 심리적인 문제가 있음을 알 수 있었다.

떨려서 발표를 잘 못하거나, 처음 만난 사람들과 대화를 잘 못하는 분들과 상담할 때 이런 조언을 했다.

"업무에는 아무 문제가 없는데 유독 말하기에만 고충이 있으시군요. 내가 보기엔 자라오면서 생긴 열등감 때문으로 보입니다. 형제와의 비교로 인해 생긴 열등감 때문에 사람들 앞에서 말하기가 두려워진 것입니다. 문제는 열등감 때문에 말하기에 두려워질 뿐만 아니라, 성공적인 직장 생활에 장애 요소가 된다는 점입니다. 자신감을 가져야 초고속 승진과 출세를 낚아챌 수 있겠죠."

직장에서는 유능한 직원들이 치열한 경합을 벌이고 있다. 여기에서 살아남으려면 자신감으로 충만해야 한다. 그런데 열등감의 족쇄에 채워진 채 무기력한 자아를 내버려둔다면, 미래를 장담할 수 없다. 언제 낙오될지 모른다.

내게 3개월간 스피치 트레이닝을 받은 직장인이 있다. 이 직장은 유명 IT 대기업에 신입 사원으로 입사했는데 말하기에 고민이 생겼다. 그와 상담을 해보니, 역시 열등감 때문이었다. 이로 인해 말하기에 문제가 있는 것은 물론 자신감이 크게 떨어져 있었다.

이 직원에게는 말하기 테크닉이 필요한 게 아니었다. 그는 이미 대화법 책 10여 권을 독파해서 각종 대화법 요령을 꿰고 있었다. 그에게는 열등감을 잠재워줄 스피치 훈련이 필요했다. 따라서 그에게 '거울 기법(Mirror Technique)'을 가르쳐줬다. 이는 거울 앞

에서 외치면서 자기 이미지를 긍정적으로 바꿔주는 잠재의식 프로그래밍 기술이다.

그에게 이렇게 주문했다.

"매일 거울 앞에서 서서 '나는 멋있다', '나는 최고다', '나는 말을 잘한다'라고 외치세요. 5분 정도 매일같이 하면서 거울 속의 내 얼굴을 똑똑히 바라보세요. 시간이 흐를수록 내 얼굴에 자신감이 철철 넘치는 모습이 보일 겁니다."

실제로 3개월 후에 이 직장인은 180도 달라졌다. 어눌한 말 태도가 사라졌다. 또박또박 박력 있게 말을 했다. 이와 함께 직장 생활에서도 변화가 찾아왔다. 사람 앞에 나서서기를 꺼려하던 그가 회장실 소속의 전략기획실로 승진하여 중책을 맡았다.

거울 앞에서 외치는 것만으로 잠재의식이 변화할 수 있다. 거울 속의 자신을 바라보면서 원하는 것을 외치면 실제로 그렇게 잠재의식이 변한다. 세계적인 동기부여가 브라이언 트레이시는 《성공의 습관》에서 말했다.

당신은 얼마나 간절히 성공하기를 바라는가?

당신은 꼭 그만큼만 성공할 수 있다.

당장 오늘부터, 거울 앞에 서서 당신 자신에게 50번씩 외쳐라!

"나는 성공한 사람이다!"

"나는 부자다!"

Point

거울 앞에서 외치는 것만으로 잠재의식이 변화할 수 있다. 거울 속의 자신을 바라보면서 원하는 것을 외치면 실제로 그렇게 잠재의식이 변한다.

목표와 비전을 호언장담하라

말이 현실이 되는 기적

A: 목표와 비전을 떠벌리기는 좋아하는 직장인

B: 목표와 비전을 공개하지 않는 직장인

이 둘 중 누가 더 목표와 비전을 잘 이룰 수 있을까? 일부 사람들은 과묵한 게 좋다는 말을 떠올리면서 B를 선택할지 모른다. 사실 목표와 비전을 잘 이루는 직장인은 A다. 이는 떠벌림 효과(Profess Effect)로 설명할 수 있다. 이를 한마디로 정의하면 다음과 같다.

'자신의 목표와 행동을 공개적으로 남에게 알림으로써 자신이

한 말에 대한 책임을 느껴서 더 그것을 잘 이루게 되며, 이와 함께 그 목표를 이루도록 주변 사람들의 지원이 뒤따르는 효과.'

이는 1955년 도이치 박사와 게라드 박사가 실험을 통해 발표한 심리 효과다. 피실험자를 A, B, C 세 집단으로 나눈 후, 차례대로 지시를 내렸다. 먼저 A 집단에게는 이렇게 말했다.

"자신의 의견을 아무에게도 말하지 마세요."

다음 B 집단에게는 이렇게 말했다.

"자신의 의견을 칠판에 적어두세요."

마지막 C 집단에게는 이렇게 말했다.

"종이에 의견을 적고 서명한 후 다른 사람에게 공개하세요."

얼마 후 시간이 흐르자 A 집단은 24.%, B 집단은 16.3%가 자신의 의견을 변경했다. 이에 비해 C 집단은 5.7%만 의견을 수정했다. 이를 통해 남에게 의견을 공개하면 약속하는 게 되어 그것을 일관되게 유지한다는 걸 입증했다. 따라서 공개하는 사람의 수가 많으면 많을수록 그 효과가 배가된다는 걸 밝혀냈다.

떠벌림은 곧 호언장담과 같은 의미다. 떠벌리기, 호언장담으로 세계적인 인물이 된 사람 두 명이 있다. 한 명은 미국의 복서 무하마드 알리다. 그는 무명 시절 복싱 실력 못지않게 떠벌림으로 유명했다. 그는 항상 "나는 최고야"를 사람들 앞에서 공공연하게 떠벌리고 다녔다. 1962년 세계 라이트헤비급 챔피언 아치 무어와의 경기를 앞두고서는 이렇게 호언장담했다.

"무어는 4회 KO야."

얼마 뒤 실제로 이 말이 현실이 되었다.

한 명은 소프트뱅크의 손정의 회장이다. 그는 열아홉 살에 이미 '인생 50년 계획'을 수립하여 목표를 이루기 위해 달려갔다. 그리고 세월이 흘러 1981년 소프트뱅크를 창업했다. 하지만 당시에만 해도 너무나 초라하기 그지없었다. 어느 도시 변두리에 있는 자그만 사무실에 직원은 달랑 두 명뿐이었다. 그는 일본인 직원두 명을 앞에 두고 이렇게 호언장담했다.

"소프트뱅크는 5년 내에 100억 엔, 10년 뒤에 500억 엔, 그리고 언젠가 1,000억 엔대의 기업이 될 것입니다."

당시만 해도 일본 직원들은 그를 미친 사람으로 취급했을 정도였다. 하지만 그의 호언장담은 현실이 되었다. 소프트뱅크는 매출액이 9조 엔이 넘는 세계적인 기업이 되었으며, 1999년에 63억 달러의 재산으로 세계 53위의 억만장자가 되었다.

무하마드 알리는 무명의 흑인 복서에 지나지 않았으며, 손정의 회장은 미래가 불확실한 재일교포 기업인에 불과했다. 그런데 무엇이 훗날 그들을 위대한 인물로 만들었을까? 바로 떠벌리기 곧 호언장담이다. 직장인이라면 초고속 승진과 출세를 꿈꾼다. 하지만 그것을 훗날 이루어내는 소수의 사람이 있고, 그렇지 않은 대다수의 사람이 있다. 당신이라면 어떻게 할 것인가? 열심히 과묵하게 일하는 것만으로는 부족하다. 열심히 일하되, 거침없이 호언장담하는 수밖에 없다.

Point

열심히 과묵하게 일하는 것만으로는 부족하다. 열심히 일하되, 거침없이 호언장담하는 수밖에 없다.

결심하게 만드는 자기 질문

질문·행동 효과 자기 질문법이란?

"저는 습관을 바꾸려고 하는데 항상 작심삼일입니다."

"건강을 위해 담배를 끊어야 하는데 딱히 방법이 없네요."

직장인들의 자기 계발 열정이 치열하다. 경쟁 속에서 살아남기 위해 건강관리에도 많은 신경을 쓴다. 그래서 기꺼이 담배를 끊으려고 한다. 다 좋다. 문제는 결심만 할 뿐 실천이 잘 뒤따르지 않는다는 데 있다.

퇴근을 하면 집에서 잠들기까지 TV를 끼고 사는 직장인 B씨. 그는 새해를 맞이하면서부터 결심을 했다.

"중국어를 공부하자. 내일모레면 40인데 언제까지 회사에 남아 있으리란 보장이 없지. 토익은 누구나 다 하는 거니까 남들과 차별화해서 중국어를 마스터해야겠어."

이렇게 해서 온라인 중국어 공부를 시작했다. 며칠간은 잘 버텨냈다. 그런데 4~5일이 지나자 언제 그랬냐는 듯이 예전으로 돌아가고 말았다. 4일째는 꼭 챙겨 봐야 하는 뉴스를 보다가 그랬고, 5일째는 한국 대표팀 축구를 보려다 그랬다. 결국 그의 중국어 공부는 흐지부지되고 말았다.

줄담배에 배가 남산만 하게 튀어나온 30대 후반의 직장인 N씨. 그는 연초 종합 건강검진에서 무서운 소식을 접했다. 몸 어디 하나 성한 데가 없었다. 고혈압, 당뇨, 위염, 초고도 비만, 고지혈증, 지방간 등의 건강 이상 소견이 나왔다. 의사가 이대로라면 큰 화를 입을 수 있으니 당장 조치를 취하라고 했다. 이렇게 해서 약을 타먹는 것과 함께 운동을 하기로 결심했다.

"헬스장에 등록하자. 저녁에는 야근, 회식, 사업상 미팅 때문에 시간이 없어. 그러니 아침 시간에 운동을 하는 수밖에."

그는 처음 3일간은 잘 다녔다. 그런데 4일째 몸에 과부화가 왔다. 안 하던 운동을 하다 보니 약한 몸살이 왔다. 약을 먹을 정도는 아니었지만, 그걸 핑계로 하루를 쉬었다. 그다음이 문제다. 한번 빠지니까 스스로에게 '너무 심하게 운동하는 건 안 좋아. 간간이 쉬면서 하자'고 합리화했다. 이렇게 되자, 그 이후로는 일절 헬스장에 얼굴을 비추지 않았다.

이런 직장인들이 한둘이 아니다. 피곤에 절은 직장 생활만으로 부족해 여가 시간에 자기계발과 건강관리를 한다. 컨디션이 좋은 상태라도 되면 모른다. 늘 야근에, 스트레스에 시달리는 몸 상태이다 보니 뭘 하나 하려고 결심해도 잘 되기가 힘들다.

이런 직장인들에게 유용한 자기 대화법이 있다. 질문·행동 효과(question-behavior effect) 자기 질문법이다. 미국 캘리포니아 주립대, 뉴욕 주립대, 워싱턴 주립대, 아이다호대 공동 연구팀이 질문·행동 효과와 관련된 지난 40년 동안의 연구를 종합 분석했다. 그 결과 이 효과가 일관된 결과가 나온다는 사실을 밝혀냈다. 이 효과는 사람들에게 특정 행동을 할 것인지 질문하면 나중에 행동을 실천할 가능성이 높다는 이론적 개념이다.

대학생을 대상으로 한 실험 사례가 있다. 대학생들에게 두 달 동안 운동을 할 것이냐고 질문을 하자, 나중에 그것을 실천하는 사람 비율이 14%에서 26%로 증가했다. 이렇게 결심한 것을 실천한 비율이 증가한 이유에 대해 연구진은 말했다.

"질문에 답하는 과정이 마치 약속과 같은 심리적 반응과 동일

특정 행동을 할 것인지
질문하면 나중에
행동을 실천할 가능성이 높다

질문·행동 효과 자기 질문법

하기 때문입니다. 질문에 '예'라고 해놓고 그것을 실천하지 않으면 마음이 불편해지게 됩니다."

연구진에 따르면, 이 질문·행동 효과는 타인에게만 해당되는 게 아니라 자신에게 해당된다고 한다. 따라서 의지력이 약한 직장인의 경우 스스로 결심을 강화하고 싶을 때 이 효과를 사용할 수 있다. 앞에서 예를 든 작심삼일의 두 직장인은 이렇게 묻고 답하면 결심을 더 강화할 수 있다.

"중국어 공부 착실하게 할 거지?"(질문)

"그래, 인생 2막을 대비해야 하니까."(답변)

"헬스 클럽 잘 다닐 거지?"(질문)

"그렇고 말고, 몸이 튼튼해야 직장에서 살아남는다고."(답변)

질문·행동 효과는 타인에게만 해당되는 게 아니라 자신에게 해당된다고 한다. 따라서 의지력이 약한 직장인의 경우 스스로 결심을 강화하고 싶을 때 이 효과를 사용할 수 있다.

Point

미래 지향적인 혼자 말투를 가져라

말투가 사람을 결정한다?

누구나 혼잣말을 한다. 혼잣말은 대개 무심코 입 밖에 나온다. 많은 직장인들은 혼잣말을 대수롭게 여기지 않는다. 하지만 혼잣말에도 긍정적인 말투가 있고, 부정적인 말투가 있다. 혼잣말을 하는 사람 옆에서 지켜보면, 둘 중 하나다.

광고 회사의 직장인 ○○ 씨가 상담을 요청해왔다. 그는 회사에서 광고 계약을 따내는 일을 하고 있었다. 입사 초기에는 발군의 실력을 발휘해서 높은 성과를 냈다. 그런데 국내 경기가 안 좋아지자 광고 수주량이 급격히 떨어졌다. 그래도 기본은 채워야 회사가 유지될 수 있었는데 그게 쉽지 않았다.

"기업체 홍보 담당자를 자주 만납니다. 혹시 내가 하는 말이 그들에게 별 호감을 주지 못하지 않나 해서 걱정입니다. 예전에는 큰 문제가 없었다고 생각했는데 요즘엔 자신감도 떨어지고 해서, 내 영업 대화법에 문제가 있지 않나 생각하게 됩니다."

그와 몇 차례 상담을 진행해보았다. 그의 영업 대화법은 수준급이었다. 매력적인 중저음 목소리에 다양한 대화 테크닉을 구사했다. 듣고 있는 내가 손뼉을 칠 정도였다. 그런데 그에게 문제점을 발견할 수 있었다. 혼잣말이었다. 그는 잠깐 회사 관계자와 통화를 하는 도중에, 그리고 전화를 끊고 나서 이런 말을 내뱉었다.

"잘했어야 했는데. 실수만 안 했어도 수십억 원대 광고 계약을 따냈을 것을."

"그때 왜 그랬을까? 아휴."

이는 자신에게 부정적인 영향을 끼치는 혼잣말이다. 그에게 조언을 했다.

"혼자 하는 말투가 과거 집착형으로 보입니다. 이 말투가 족쇄가 되어서 진취적으로 일을 해나가기 힘듭니다. 잘되려는 일도 과거 집착형 혼자 하는 말투 때문에 일을 그르치게 되죠. 혼자 하는 말투를 미래 지향적으로 바꾸어야 합니다."

말투가 사람을 결정한다. 평소 습관적으로 내뱉는 혼잣말에 따라 사람은 과거 집착형이 되기도 하
고, 미래 지향적이 되기도 한다. 직
장인 ○○ 씨는 혼자 내뱉는 부정적
말투 때문에 과거 집착형 사람이 되
고 말았다. 심리학자 베르너 빙클러
에 따르면 과거 집착형 인물의 특징은 다음과 같다.

1. 아주 오래전의 일을 세세히 기억한다
2. 옛 시절을 그리워하거나 옛일이 반복될까 두려워한다
3. 과거의 일이 좋든 나쁘든 미련을 버리지 못한다
4. 지난 일에 관련된 것을 버리지 못하고 보관한다
5. 미래에 별 관심이 없고 장래 계획을 세우고 실행하는 것에
   거부감을 느낀다

직장인 ○○ 씨는 이렇게 변해가고 있었다. 이제는 광주 수주
목표액을 세우지도 않고, 시간이 흐르는 대로 흘러갈 뿐이었다.
연속해서 계약 취소를 당하다 보니, 의욕적으로 무언가를 실행하
는 것에 거부감을 가지고 있었다.
그에게는 혼자 하는 말투의 교정이 시급하게 요구되었다. 그에

게 혼잣말을 바꾸라고 일러주었다. 그러자 그는 몇 개월 뒤 예전처럼 낙관적이고 진취적인 사람으로 변해 있었다. 그에게 가르쳐준 혼잣말 곧, 미래 지향의 혼자 하는 말투는 이렇다.

"올해는 반드시 목표 액수를 채울 수 있어."
"이번 상담에는 틀림없이 계약을 따낼 수 있을 거야."

말투가 사람을 결정한다. 평소 습관적으로 내뱉는 혼잣말에 따라 사람은 과거 집착형이 되기도 하고, 미래 지향적이 되기도 한다.

Point

성공하고 싶다면 자신과 대화하라
자신과 대화하는 일은 혼잣말과 다르다

직장인은 누구나 초고속 승진과 출세의 성공을 꿈꾼다. 그 성공에는 반드시 부가 뒤따른다. 부자를 전제로 한 성공이 바로 모든 직장인의 꿈이다. 그래서 직장인들은 업무를 최선을 다해하는 것은 물론 성공한 사람들의 습관을 자기 것으로 만들기에 노력을 다한다. 유명한 백만장자가 매일 무엇을 한다는 소문을 접하면, 자신도 그것을 따라한다.

미국 시사주간지 〈타임〉은 '백만장자의 7가지 습관'을 소개했다. 이는 《부자 습관: 부유한 개인들의 일상 성공 습관》을 펴낸 토머스 콜리가 자수성가형 백만장자 233명을 분석한 결과다. 빌 게 이츠 MS 창업자, 마크 저커버그 페이스북 CEO, 리처드 브랜슨 버진 그룹 회장 등 백만장자의 일곱 가지 습관은 다음과 같다.

1. 하루 30분 이상 독서하라
2. 잡념을 버리고 명상을 즐겨라
3. 아침형 인간이 돼라
4. 하루 7, 8시간은 자라
5. 하루 30분 이상 꾸준히 운동하라
6. 소통 기술을 연마하라
7. 상황을 객관화하고 자신과 대화하라

이는 부와 성공을 꿈꾸는 직장인에게는 매우 중요한 자료가 아닐 수 없다. 여기에 소개된 일곱 가지 습관은 우리 직장인이 꿈에 한 발짝 다가가는 데 디딤돌이 될 것이 분명하다. 이 가운데 동기부여에 큰 도움을 주는 대화법은 일곱째 습관이다.

자칫 잘못하면 혼잣말로 오해할 수 있는데, 그게 아니다. 자기와 대화를 하면서 내적인 대화를 이끄는 것을 말한다. 실제로 최고의 역량을 발휘하는 각계 리더들은 자신과 대화를 하고 있다고 한다. 토머스 콜리는 말했다.

하루 30분 이상
독서하라

잡념을 버리고
명상을 즐겨라

상황을 객관화하고
자신과 대화하라

아침형 인간이 돼라

소통 기술을
연마하라

하루 30분 이상
꾸준히 운동하라

하루 7, 8시간은 자라

| 부와 성공을 이루는 일곱 가지 습관 |

"자신에게 말을 걸면 상황을 객관적으로 보고 자신에게 동기를 부여하는 데 도움이 됩니다."

과연 이것에 얼마나 과학적인 근거가 있을까? 이에 대해서는 《내 안의 나를 이기는 법》의 심리학자 한스 모르쉬츠키의 말을 들어보자. 그는 말했다.

> 자신과 이야기하는 사람은 이를 하지 않는 사람보다 성과가 더 좋다. 과제가 어려울 때 낮은 목소리로 자기 대화를 시작하는가? 자기 대화는 어렵거나 새로운 과제를 더 주의 깊게 다루는 데 도움이 된다. 성과를 내야 하는 상황에 직면해서 어떻게 자기 대화를 하는지 주의를 기울여라. 내적 대화를 통해 성공 프로그램을 짜 넣어라.

성공을 위해 자신과 해야 할 대화로는 다음 세 가지 유형이 있다. 첫째는 '격려의 자기 대화'다. 힘들고 지칠 때, 동료와 마찰이 생길 때 좌절하거나 방황하지 말고 자기와 이렇게 대화하자.

"힘들다. 하지만 이때까지 잘해왔으니 조금만 참아보자. 난 잘할수 있어!"

둘째는 '양심의 자기 대화'다. 성공을 위해 불법적이고 비도덕적인 방법을 이용해서는 안 된다. 이렇게 대화하면 된다.

"불법적으로 성과를 내고 싶지만 유혹을 이겨내자. 당장은 괜찮을지 몰라도 훗날 후회하게 될 거니까 말이야."

셋째는 '내면의 목소리와 자기 대화'다. 이는 정체성에 대한 자기 대화다. 이렇게 대화하면 된다.

"나는 왜 부와 성공을 꿈꾸는가? 지금 그 길을 걸어가면서 행복한가? 미래에도 행복할 수 있는가?"

> **자기와 대화하는 것을 자칫 잘못하면 혼잣말로 오해할 수 있는데, 그렇지 않다. 자기와 대화를 하면서 내적인 대화를 이끄는 것을 말한다.**

Point

김영수 지음,《기본형 인간으로 변화하기》, 함께, 2004

나이토 요시히토 지음, 고은진 옮김,《교섭력》, 시그마북스, 2008

도미타 타카시 지음, 박진희 옮김,《성공 심리학》, 비전비앤피, 2004

마크 고울스톤 지음, 황혜진 옮김,《뱀의 뇌에게 말을 걸지 마라》, 타임비즈, 2010

오수향 지음,《1등의 대화습관》, 책들의정원, 2016

오수향 지음,《황금말투》, 미래의창, 2017

오수향 지음,《긍정의 말습관》, 북클라우드, 2018

오수향 지음,《웃으면서 할 말 다하는 사람들의 비밀》, 리더스북, 2018

이민규 지음,《끌리는 사람은 1%가 다르다》, 더난출판사, 200

이철우 지음,《관계의 심리학》, 경향미디어, 2008

최효진 지음,《다이나믹 코칭 리더십》, 새로운사람들, 2006

발송닷컴 https://blog.naver.com/bbalsong/220081242540

북리지 http://bookledge.tistory.com

베이비뉴스 http://www.ibabynews.com/news

비즈폼 http://magazine.bizforms.co.kr

잡인덱스 https://blog.naver.com/jobindexworld

잡코리아 http://www.jobkorea.co.kr/starter/tip

LG경제연구원 http://www.lgeri.com

한화생명 http://www.lifentalk.com

무슨 말을
그따위로
하십니까?